Procurando Mônica

JOSÉ TRAJANO

Procurando Mônica
O MAIOR CASO DE AMOR DE RIO DAS FLORES

parela

Copyright © 2014 by José Trajano Reis Quinhões

A Editora Paralela é uma divisão da Editora Schwarcz S.A.

Grafia atualizada segundo o Acordo Ortográfico da Língua Portuguesa de 1990, que entrou em vigor no Brasil em 2009.

CAPA Alceu Chiesorin Nunes

FOTO DE CAPA Rus Anson

PREPARAÇÃO Ligia Azevedo

REVISÃO Verba Editorial

Dados Internacionais de Catalogação na Publicação (CIP)
(Câmara Brasileira do Livro, SP, Brasil)

Trajano, José
  Procurando Mônica / José Trajano. — 1ª ed. — São Paulo : Paralela, 2014.

  ISBN 978-85-65530-53-8

  1. Romance brasileiro I. Título.

14-00452   CDD-869.93

Índice para catálogo sistemático:
1. Romances : Literatura brasileira 869.93

1ª reimpressão

[2014]
Todos os direitos desta edição reservados à
EDITORA SCHWARCZ S.A.
Rua Bandeira Paulista, 702, cj. 32
04532-002 — São Paulo — SP
Telefone (11) 3707-3500
Fax (11) 3707-3501
www.editoraparalela.com.br
atendimentoaoleitor@editoraparalela.com.br

A vida não é a que a gente viveu, mas sim a que a gente recorda, e como recorda para contá-la.
Gabriel García Márquez

Mônica foi minha maior paixão.

Ficávamos meses distantes, anos sem nos ver, e fazia uns trinta e tantos que não ouvia falar dela.

O que uns olhos têm que outros não têm?
O que um sorriso tem que outros não têm?

Me agarro às frases do Domingos de Oliveira, em *Todas as mulheres do mundo*. E vou tocando a vidinha. Sessentão, aposentado, quatro filhos, casamentos desfeitos, vivo fase de alguns percalços, sem maiores sofrimentos, a não ser quando torço pelo América.

Há tempo para ler, viajar, encontrar amigos, reunir a filharada e as netas, tomar vinho, ir ao cinema, ouvir música. E também para falar de futebol, assunto chato quando um monte de perna de pau posa de craque. A solidão é que não desgruda, não larga do pé.

Para preencher os buracos na alma, fuço aqui, fuço ali.

Hoje, passo para o papel fotografias interiores.

Amanhã, talvez vá morar em Portugal.

Depois de amanhã, quem sabe jogue futebol de botão.

Escrevendo, pratico gastança do tempo. Mas lamento não saber pintar e bordar ao escrever as histórias. Ah, se fosse escritor de verdade, e não um reles rastaquera, poderia agarrar e beijar Mônica a hora que quisesse, pelo menos neste livro.

O pano de fundo da história com Mônica (se é que houve alguma) é a cidadezinha de Rio das Flores, cortada pelo rio Preto, o mesmo que serpenteia Visconde de Mauá, Maromba e Maringá. Do lado de cá, Rio de Janeiro; do lado de lá, Minas Gerais.

Até os anos 1940, a cidade se chamava Vila de Santa Theresa. Eu passava as férias na fazenda da Forquilha, enquanto Mônica ficava na fazenda São Policarpo. Ambas erguidas no final do século XIX, na gloriosa época do café no Vale do Paraíba, quando na região, incluindo Piraí, Barra do Piraí, Valença, Vassouras, Paraíba do Sul e arredores, se chegou a plantar quinhentos milhões de pés de café às custas do suor de milhares de escravos.

Como diria Zé Cândido de Carvalho, a bem dizer sou José, filho de Nilza e Trajano, neto de Zé Reis e Jandira e sobrinho de Vicente. Este último o dono da Forquilha e irmão do vô por parte de mãe. Vicente foi rico, muito rico, e Zé Reis, pobretão que administrava a fazenda, era pai de Nilza.

Naquele pedaço do mundo, onde as terras forquilhenses se esparramavam por mais de duzentos e quarenta e cinco alqueires mineiros na região do Médio Paraíba, gozei a parte mais gostosa da mocidade. Incluindo aí idas e vindas a Rio das Flores, distante da fazenda oito quilômetros por estradinha de terra.

Lá, caminhava sozinho pelas estradas; subia e descia a pé morros desertos ou cobertos por plantações de milho, cana-de-açúcar e café. Tomava banho nu no rio. Atirava em maritacas com espingarda de dois canos, calibre 22. Andava a cavalo. Ordenhava leite no curral. Bebia cachaça no gargalo. Fumava deitado na grama procurando as Três Marias no céu. Passeava de carro de boi e dirigia trator e o velho Land Rover do vô. Saía à noite para caçar paca. Comia jabuticaba no tronco da árvore. Pegava carrapato no saco e voltava para casa com bicho-de-pé (que a vó tirava depois do banho com a ajuda de uma agulha).

Era assim nas férias escolares e feriados de Natal e Ano-Novo... Havia também os bailes de Carnaval na escola da fazenda e na cidade, além de festas de casamento de colonos (vô Zé Reis era juiz de paz e casamenteiro). E a paixão ardente por Mônica...

Fui a Forquilha, ainda de colo, com pouco mais de um ano. Eu, mãe e pai ao volante da ximbica Ford 39 preta (fervia que nem o diabo). De Rio das Flores à fazenda bastava chover que a estrada virava lamaçal e o carro precisava ser arrastado por bois. Se fizesse o caminho pela serra de Petrópolis, Três Rios e Andrade Pinto, costeando o rio Paraibuna até a fazenda, pior ainda. Dia inteiro de solavancos, pneus furados, motor fervendo e carro atolado. Havia o trem, maria-fumaça, com baldeação no entroncamento ferroviário de Barra do Piraí e destino final na estação de Rio das Flores, seguindo daí em diante de carro.

Mas o gostoso de passar por Petrópolis era dar uma parada na Confeitaria d'Ângelo, no centro, tomar chocolate quente com torradas que levam o nome da cidade e comprar caramelos e biscoitos amanteigados de presente para os avós. E, por insistência da mãe, comprar blusas nas malharias, o que irritava o pai — ele não queria perder tempo com bobagens.

Foi uma vida inteira de alguns anos na fazenda da Forquilha.

Aos poucos, as coisas foram perdendo a graça: os avós e o tio Vicente morreram, e o filho herdeiro vendeu a Forquilha por poucos cobres para criadores de gado de Paraíba do Sul, que não tinham nada a ver com a história encantada do lugar.

Sei que a casa-grande resiste, cercada de mato por todos os lados. Como as histórias da fazenda me perseguem em sonhos, conversas com amigos e com os filhos, resolvi escrevê-las. São fragmentos de uma infância perdida. Com a morte de minha mãe, os fantasmas da Forquilha e de Rio das Flores me pegaram pela mão, me sacudiram, me provocaram. Como se quisessem dizer: Não se esqueceu de nada lá atrás, não?

E a melhor — ou pior história — é a que vou contar agora.

Depois de certa altura, a gente traz o cadáver do passado amarrado ao pé. Ou ao coração. É um cadáver muito sensível. Se o tocam, exala lembranças pelos poros... Me desculpem, mas eu sou mesmo um poço de reminiscências. O pior é que regurgitam e não têm como parar.

Otto Lara Resende

Enquanto o mastodonte do *Giulio Cesare* se afastava lentamente do cais, olhei para o lado e me dei conta de que Mônica acenava e mandava beijos para os que ficavam para trás. Abri sorriso e pensei: "O pior passou, não sou eu quem vai viajar com ela?".

Os mais badalados transatlânticos da linha Europa-Brasil, além do *Giulio Cesare*, eram *Augustus*, *Andrea C*, *Federico C* e o *Conde Biancamano*, todos italianos.

Na manhã calorenta de domingo eu não me aguentava em pé tamanha a ressaca. Tinha enchido a cara quase até a hora de viajar. Só houve tempo de passar em casa, fechar as malas e me mandar para a praça Mauá, onde o enorme navio talvez ainda esperasse por mim, pobre-diabo apaixonado.

Depois que soube, durante as férias em Rio das Flores, que Mônica viajaria para a Europa, planejei tim-tim por tim-tim ir junto, sem ela saber. E cuidadosamente — como o assassino que planeja executar sua vítima — estudara todos os passos até o *Giulio Cesare* zarpar da Baía de

Guanabara rumo a Lisboa. Mas dias antes do embarque, merda!, o tiro saiu pela culatra. Num passeio como quem não quer nada pela agência de viagens, dei de cara com ela, que, espantada, perguntou o que fazia ali.

— Vou viajar. Como você disse que a excursão seria divertida, decidi ir também — disse olhando sem encará-la.

— Ah, já que você vai, anota o endereço da festa de despedida, amanhã à noite, na casa da minha amiga Solange, em Ipanema. É uma chance para você se enturmar.

Irritado, quase pulo fora do barco, porque o plano era que o inesperado fizesse surpresa, como Johnny Alf em "Eu e a brisa". E tudo começaria com um encontro no convés, assim que o navio zarpasse. Aí: "Como? Você por aqui? Mas o que veio fazer?". "Vou junto com você, querida, mundo afora."

Mas fazer o quê? Desistir, sem tentar, a essa altura do campeonato?

O melhor era seguir em frente. Surgira a chance de dar a volta nos anos de espera, nas noites sem dormir, nas tentativas em vão, na vontade de se atirar no abismo, nas bebedeiras e cantorias à exaustão do tipo "Eu não existo sem você" e "Ninguém me ama, ninguém me quer". E, cá entre nós, pensava, que mulher resistiria a um atrevimento como esse? Alguém que pega um navio, até a Europa, exclusivamente por causa dela?

Ao chegar a Rio das Flores, a primeira providência era passar na casa da Ana, a "repórter Esso", para saber se Mônica havia chegado a São Policarpo. Ana não esperava eu abrir a boca e já dizia sim ou não. Se não fosse tão avoada, ela seria a pessoa mais bem informada da cidade, daí o apelido — o posto telefônico, PS1, ficava em frente à sua casa, na praça da Igreja da Matriz de Santa Theresa, e ela ouvia a conversa de todo mundo dali. Mas nem sempre passava com precisão as informações. Como a da viagem de navio.

— Ela vem para Finados, Zezinho, mas soube que em janeiro e fevereiro, inclusive no Carnaval, não vem, não. Ouvi a conversa da mãe dela, que disse que ela vai para a Argentina.

Um baque! Uma punhalada no coração. Como passar o Carnaval sem Mônica? O que fazer da vida, agora desprovida de sentido?

Eis que surge a danada em plena avenida Getúlio Vargas — ruazinha principal de paralelepípedo com descaída para a praça Coronel Sucena, onde o pessoal que esperava o ônibus para Juiz de Fora tomava picolé de limão no bar do Sinval. Fui disposto a esclarecer. Linda, como sempre, cabelos esvoaçando ao vento, montada em um manga-larga metido a besta como ela, enfiada numa calça jeans bem justa, camisa xadrez de mangas compridas, lenço amarelo no pescoço e botas de couro marrom até os joelhos, parecia a Maureen O'Hara em *Depois do vendaval*, mas sem os cabelos vermelhos. Parei na frente do cavalo, segurei as rédeas do bicho e perguntei afoito:

— Quer dizer que no Carnaval você não vem? É verdade que vai para a Argentina?

Fez cara de quem não gostou, sorriu com a informação capenga, não deu a mínima para a minha cara de decepção e explicou que não iria para a Argentina, mas para a Europa, e que embarcaria em 31 de dezembro, no navio *Giulio Cesare*, numa excursão com um grupo de amigos, e voltaria somente em março...

Cruzamos rapidamente em Rio das Flores e, no dia seguinte, tchau, cada um para o seu canto: ela para Copacabana e eu para a Tijuca.

Não procurava Mônica fora de Rio das Flores. Era como se não morássemos na mesma cidade. Mas vivia apaixonado, pensava nela noite e dia, e por medo, vergonha, masoquismo, o diabo que seja, ficava na minha. Falava para todo mundo da paixão não correspondida, contava os dias que faltavam para vê-la em Rio das Flores, mas no Rio de Janeiro era incapaz de pegar o telefone e ligar ou provocar encontro na rua, na porta da escola ou na praia.

A paixão ficava em banho-maria, em compasso de espera, se alimentando de sonhos e planos, enquanto não chegava a hora de ir para Rio das Flores. A perseguição a Mônica me colocava no centro das atenções.

— E aí, cara, quais as últimas do caso Mônica?

— Até quando você vai ficar nesse chove não molha, hein?

— Não sei não, isso parece coisa de veado...

— Parte logo para cima, deixa de ser tímido, cara...

— Desiste, não enxerga que ela não quer nada com você?

Nos anos 1940 a Vila de Santa Theresa era uma biboca miserável — pouquíssimas ruas com calçamento, comércio pobre e um acanhado posto de saúde. Vivia mais gente na zona rural do que na cidade. A maioria das cinco mil almas pegava pesado em terras de enormes fazendas recebendo salários miseráveis. Descalços, sujos, desdentados, os trabalhadores rurais eram verdadeiros jecas-tatus. A Vila foi uma das cinco freguesias de Valença, cidade endinheirada na época gloriosa do café, e somente em 1945 viraria município de Rio das Flores, durante muito tempo o menos populoso do antigo estado do Rio.

Tio Vicente Meggiolaro, milionário, secretário de finanças da Ação Integralista Nacional, vice-presidente do Partido de Representação Popular e braço direito do líder fascista Plínio Salgado, virou dono da Forquilha e de quase tudo na cidade. Ele era alto, esguio, de cabelos claros, olhos azuis, muito diferente de meu avô, apesar de irmãos. Zé Reis era baixinho e gordinho. E tinha incríveis olhos verdes. O vô viveu como empregado do irmão. Diziam que Vicente ficou podre de rico porque recebeu herança de uma madame da alta sociedade carioca, a quem prestava serviços.

Quem alugou um de seus imóveis em Rio das Flores e o transformou em armazém foi Henrique Francisco Bezerra, casado com Eugênia Macedo, moradora do Abarracamento, o mesmo distrito da Forquilha, onde viviam os parentes, empregados de tio Vicente. Bezerra faliu e arranjou emprego como contador na Forquilha, para onde se mudou com mulher e sete filhos. Não ficou lá muito tempo e foi embora para o Rio de Janeiro.

Edir, o Didi, era um de seus filhos. Anos se passaram até o menino virar pastor evangélico, fundar a Igreja Universal do Reino de Deus e se tornar famoso, bilionário, o filho ilustre de Rio das Flores: o bispo Edir Macedo, companheiro de brincadeiras na cidade e na fazenda quando éramos crianças por volta dos seis, sete anos. Até hoje, há por lá um Macedo em cada esquina.

Com a decadência do café — o Vale do Paraíba já sofrera com o fim dos ciclos do ouro e do açúcar —, os fazendeiros partiram para a criação de gado. A cooperativa de leite deu algum ânimo à economia, mas por pouco tempo. E Rio das Flores inverteu o eixo: mais gente foi morar no centro, abandonando as fazendas, porque onde entra o gado sai o homem. E o lugarejo assistiu ao êxodo, gente se mandando para Juiz de Fora, Valença e Rio de Janeiro. Aos poucos, o comércio se expandiu, o suficiente para abastecer a pequena população, e o turismo ganhou força: várias fazendas viraram pousadas, algumas sofisticadas, e fazem parte do roteiro turístico do circuito do café do Vale do Paraíba.

Enfio os dois pés na fazenda da Forquilha em 1958. Ano que dizem ser o mais espetacular da vida de quem já apagou sessenta velinhas. A impressão é de que tudo de bom aconteceu naquele momento ou um pouco depois. Não é exagero, foi enxurrada de coisas extraordinárias. Uma lista com cinco delas: o início da bossa-nova com *Canção do amor demais*, disco de Elizete Cardoso interpretando músicas de Tom e Vinicius e acompanhada pelo violão de João Gilberto; o título mundial de futebol na Suécia, com Mané endiabrado, Didi genial e o menino Pelé arrebentando; o lançamento de *Gabriela, cravo e canela*, estrondoso sucesso de Jorge Amado; inauguração do Museu de Arte Moderna no Rio, projeto de Reidy, e a conquista da Palma de Ouro em Cannes pelo filme *Orfeu negro*. Sem falar de Maria Esther Bueno vencendo em Wimbledon.

Até então, eu havia passado poucas vezes pela fazenda. Meus pais e meus avós Zé Reis e Jandira não se bicaram durante um bom tempo. Nascido no Méier, criado na Tijuca, as minhas emoções, alegrias e tristezas se passavam no América (jogando futebol de salão e basquete), no Colégio

São Bento (era semi-interno), no Maracanã — quando o time americano enfrentava os grandes — e em papos com amigos na praça Afonso Pena.

Dali em diante, as histórias seriam outras. Um mundo novo surgiria. Novos amigos, a primeira paixão, o dia a dia com os colonos. Até meu nome mudou! Virei Zezinho da Forquilha e, por uma noite, Prefeito Canelinha, quando entornei uma garrafa de mistura de pinga com canela e lancei minha candidatura a prefeito de Rio das Flores.

Nas primeiras vezes que fomos à Forquilha, pai, mãe, minha irmã Maria de Fátima e eu ficávamos hospedados na casa-grande, com tios e primos ricos, os donos da fazenda. Quando Zé Reis virou administrador, tempos depois, passamos a viajar bastante para lá, íamos para a sua casa. Era uma construção pequena, aconchegante, a trezentos metros da sede, mal dava para abrigar a parentada nas férias e feriados. Tios Carlos e Helena, irmã de minha mãe, e os filhos Beth e Carlinhos iam sempre com a gente.

Na casa-grande, almoços e jantares viravam banquetes. Tortas, cucas, pães e broas servidos no café da manhã e no lanche da tarde faziam cair o queixo. E tudo o que ia à mesa nascia ali na fazenda: feijão, carne de porco, frango e boi, arroz, feijão, verduras, legumes, frutas, leite, creme de leite, manteiga, queijos, doces, compotas, cachaça...

A mulher de tio Vicente, Gertrudes, cuidava dos detalhes. Era uma loura alemã, baixinha e roliça, que não disfarçava o forte sotaque. Tinha o rosto redondinho, parecendo porcelana, e, quando sorria, ficava toda vermelha. Extremamente educada, falava baixo. Eu tinha vergonha quando me olhava com os imensos olhos azuis.

Gertrudes comandava uma turma de empregadas — todas filhas de colonos da fazenda — que limpavam os móveis de mogno e jacarandá, vitrais e espelhos com molduras de carvalho, esfregavam o chão de tábuas corridas e punham e tiravam louças inglesas das mesas de refeição forradas com toalhas brancas. Frutas, queijos, compotas, doces de goiaba, abóbora, figo e laranja, preparados com receitas de Gertrudes, ficavam distribuídos em belas louças e cristais.

À noite, homens se reuniam na sala de estar para fumar, beber, jogar xadrez, baralho e sinuca, enquanto mulheres conversavam na sala ao lado, costurando e fazendo tricô e crochê. A molecada corria de um lado para o outro, brincava de esconde-esconde, jogava pingue-pongue, pega-varetas, damas e dominó. O que juntava homens, mulheres e crianças era o jogo de víspora, quando usavam grãozinhos de feijão para marcar os números nas cartelas.

Na modesta casa do vô o ponto de encontro era a aconchegante cozinha, de onde se via o pequeno ribeirão que passava ao fundo. À beira do fogão a lenha, ficávamos horas proseando, enquanto vó Jandira catava feijão, separava o marinheiro — o arroz com pedrinhas — e fazia deliciosos bolinhos de fubá e de chuva, e rosquinhas para o café. Na chapa do fogão deixava pedaços de porco, enfiados numa lata com banha. Se chegasse alguém fora de hora, pegava a carne de porco e passava na frigideira. E pronto, uma delícia. Acima do fogão, linguiças defumavam sem pressa. Na véspera de Natal, a produção na cozinha fervia a todo vapor e um cheirinho delicioso ganhava os aposentos. Vinha dos bolinhos de bacalhau, com azeitona verde no meio, do pernil assado com farofa e das rabanadas passadas no açúcar e na canela.

O bolinho de bacalhau de vó Jandira e as rabanadas estão na lista das inesquecíveis delícias domésticas, atrás

do pavê de chocolate Bhering e dos pratos com feijão-
-guando da minha mãe e do waffle com geleia e manteiga
da tia Gertrudes.

O feijão-guando, pouco conhecido, é verde, rústico e
tem gosto forte. É bom aferventá-lo em água limpa, escorrer e cozinhar em outra água. Segue a receita de guando
com arroz e linguiça, uma das maiores delícias que provei
na vida.

Ingredientes:
1 xícara de feijão-guando pré-cozido
2 colheres (sopa) de óleo
1 cebola picada
1 tomate picado, sem pele e sem semente
1 ½ xícara de arroz
1 colher de colorau ou páprica doce
1 colher (chá) de sal
1 colher (sopa) de folhas de orégano
2 colheres (sopa) de salsinha picada
300 g de linguiça de porco fresca, aberta e esmigalhada
3 xícaras de água fervente

Doure a linguiça no óleo. Acrescente a cebola, o tomate, o
feijão-guando e misture. Junte o arroz, o colorau, o sal, o
orégano e metade da salsinha. Refogue, mexendo por um
minuto. Acrescente a água, tampe a panela e deixe cozinhar
em fogo bem baixo por vinte minutos ou até o líquido secar.
Espalhe o resto da salsinha por cima. Rende quatro porções.

A primeira vez que vi Mônica foi no baile de carnaval
infantil do velho Clube Recreativo 17 de Março, prédio
caindo aos pedaços, onde não cabiam mais do que cento e
cinquenta pessoas. Ir à matinê fazia parte da programação
do pessoal mais velho. Era o esquenta. Na época, já deixara

a fazenda Forquilha para trás e só queria saber da Vila, de Rio das Flor, como a caipirada chamava. Os amigos que eu fiz ali vinham do Rio, principalmente do Leme — levados por Flavinho, filho de Arquelau e Santuza, dono da casa de veraneio mais bonita da cidade.

Embora da mesma idade da garotada que se esbaldava no baile, Mônica destoava. Não era mais uma menina. Devia ter uns treze anos a morena alta, de cabelos castanhos compridos. E, se não tinha o olhar dissimulado de Capitu, tinha um olhar insinuante de mulher experiente. Quase não dançou e passou a maior parte do tempo batendo papo com amigas e o irmão Guilherme, enquanto trocava olhares furtivos com a minha turma. Mas, num repente, sumiu, deixando a sensação de que fora uma miragem, um vento que rodopiou e que não volta mais. "Quem é? Vocês viram?" "Se chama Mônica e é de São Policarpo; a prima falou que voltam à noite." "Não acredito! É a coisa mais linda..." "Que é isso, cara, nunca viu mulher, não?" "É uma menina." "Ah, deixa pra lá, novinha, não deve ter nada na cabeça." "Estou apaixonado!" "Só faltava essa agora..."

A fazenda São Policarpo ficava no extremo oposto da Forquilha e na entrada de quem chega a Rio das Flores por Valença. Pertenceu ao visconde de Rio Preto, proprietário de outras vinte e três fazendas, inclusive a Paraíso, a mais exuberante e rica da região. Quando Mônica passava as férias lá, assim como eu na Forquilha, se hospedava na fazenda da família, que pertencia aos avós. Na sede destacavam-se os dois pavimentos e as sacadas pintadas de verde-esmeralda com flores caindo dos vasos estrategicamente colocados no andar de cima e na larga varanda da entrada da casa. Havia ainda o pomar, com enormes abacateiros, e os jardins projetados pelo francês Auguste

Glaziou, paisagista trazido ao Brasil por d. Pedro II para ser diretor de parques do Império, onde ficou por trinta e cinco anos. Glaziou projetou os jardins da Quinta da Boa Vista, do palácio do Catete, e fez a cabeça do maior paisagista brasileiro, Burle Marx. A sede, cercada de flores e árvores e um belo gramado, ficava perto de um pequeno lago com alguns barcos, o lugar mais charmoso e reservado de São Policarpo.

A fazenda da Forquilha, imponente, foi durante os últimos vinte anos do século XIX a maior produtora de café e leite da região e a primeira a instalar linha telefônica por aquelas bandas. Mudou de mãos várias vezes e foi comprada por tio Vicente no início dos anos 1940 dos Paiva, parentes de Carlos Lacerda, o Corvo, o primeiro governador da Guanabara, deputado federal e um dos cérebros civis do golpe de 64. Lacerda passou várias férias na fazenda e escreveu ali, aos dezesseis anos, o jornal *O Forquilhense*, que mimeografava e distribuía entre os colonos.

Durante anos, Vicente Meggiolaro tocou a fazenda a todo vapor. Depois, com a morte da mulher, só passava por lá para conferir as escritas com o irmão Zé Reis, e ia embora. Os parentes, que lotavam a casa-grande durante as férias escolares, foram sumindo e a sede se transformou num museu abandonado.

A casa-grande, belíssimo sobrado de dois andares, construído em forma de chalé, abrigava no térreo sala de estar, de jantar, de costura, de leitura e de jogos, além de enorme cozinha com duas despensas, capela com sacristia e varandas em torno da casa. Da parte de trás se via o pomar repleto de mangueiras e um sem-fim de pés de jabuticaba, goiaba, pitanga, amora, laranja e tangerina. No andar de cima, onde se chegava por escada em caracol, ficavam três banheiros e sete quartos, decorados com papel de parede, mobiliados com penteadeiras, criados-mudos e camas coloniais com altas cabeceiras.

No jardim brotavam camélias e magnólias, jasmins-manga cercavam as varandas e espadas-de-são-jorge rodeavam o pequeno tanque com chafarizes — o melhor lugar para se admirar a sede. Um enorme relógio, com mostrador branco e algarismos romanos, destacava-se no frontão central da casa, com a data ao centro — 1880.

Contrastando o luxo dos casarões dos fazendeiros, os colonos viviam em casebres de pau a pique, sem luz elétrica nem esgoto — fossa negra era cavada a poucos metros da casa. As casas, mínimas, tinham sala, que também funcionava como cozinha, dois quartos e um puxadinho nos fundos, lugar para o tanque de roupa. Famílias inteiras moravam nelas, além de parentes desgarrados e outros visitantes. O banheiro ficava do lado de fora — penicos eram distribuídos à noite pelos cômodos e não havia chuveiro. Banhos só de bica d'água, de rio ou de balde.

À noite, Mônica ressurgiu. Estonteante! Fantasiada de pirata (à tarde havia ido de bermuda, camiseta, colar de havaiana, nada de especial), pisou no salão com a certeza de que bagunçara nossa cabeça. E caprichou: botas altas, short preto curto de cetim e blusa branca aberta o suficiente para mostrar parte dos seios, dois mamõezinhos. Chapéu preto, fita vermelha na testa, tapa-olho, autêntica Olivia de Havilland em *Capitão Blood*. Nosso grupo, Zé Carlos, Hélcio, Chico Carlos, Julinho, Flavinho e os irmãos Patinho e Lula — da família dos Lacerda Paiva, que vendeu a Forquilha para tio Vicente — chamava a atenção. Fantasiados, quase sempre de presidiários, com o número de telefone às costas para que moças anotassem, e distribuídos em várias mesas, despertávamos olhares e não havia no clube quem não falasse de nós. A irmã de Flavinho, a bela Magali, morria de vergonha, mas engrossava o coro a nosso favor. As primas de Lula e Patinho também, especialmente a espevitada Aninha. O baile era divertido, apesar de a orquestra ter pouco mais do que meia dúzia de músicos. A gente achava o máximo o Carnaval rio-florense.

Mônica foi ao baile com tios, mãe e irmão. A mãe, separada do pai, médico, era vistosa, bonitona, e ali funcionava o tal mãe, tal filha. Passei a noite escorado por uma pilastra, olhando de longe, fazendo o tipo solitário, testando a tática do desprezo, especialidade que jamais funcionou (fingia que não estava nem aí, como se estivesse apaixonado por alguém ausente, uma cópia malfeita de James Dean arrastando a asa para Elizabeth Taylor em *Assim caminha a humanidade*). A folia terminou com o dia clareando, e Mônica foi embora antes do fim, para decepção de quem ainda enxergava alguma coisa. Nenhum de nós falou com ela além de alguns minutos. No dia seguinte haveria mais...

Os novos amigos frequentavam a cidade além dos dias de Carnaval. Como a casa do Flavinho estava sempre lotada e a do Lula e do Patinho também, Zé Carlos, Hélcio e Chico Carlos alugavam um sobrado na subida para a praça da igreja, ao lado do PS1 da Ana. Julinho se engatara com Sheila, professora da cidade, e dormia na casa dos avós dela. E eu, para não ter que ficar indo e voltando da fazenda, dormia aqui e ali, no Flavinho, na casa alugada e até em bancos de praça.

Mônica ainda não tinha alvará da família para participar das noitadas de violão que varavam madrugadas na praça da Matriz ou na estação ferroviária, regadas a vodca, San Raphael e uísque barato, sem gelo. Julinho Graça Mello, nosso Lúcio Alves, voz grave, empostada, conhecia repertório imenso de músicas ao violão. Zé Carlos não ficava atrás, especializado nos bambas Noel, Wilson Batista, Assis Valente, Caymmi e Ari Barroso. Julinho, paciente, repetia os sucessos da favorita Dolores Duran — "Castigo", "A noite do meu bem", "Fim de caso", "Por causa de você" — que invariavelmente me faziam chorar. E atendia aos pedidos insistentes das prediletas: "Caminhos cruzados", de Tom Jobim e Newton Mendonça; "De cigarro em cigarro", de Luiz Bonfá; "Ninguém me ama", de Antônio Maria; "Ilusão à toa", de Johnny Alf, e "Neste mesmo lugar", de Armando Cavalcanti e Klecius Caldas. Além de Dolores, as cantoras favoritas eram Maysa, Nora Ney, Silvinha Telles e Elizete Cardoso. E entre os homens, fora Lúcio Alves, a lista reunia João Gilberto, Dick Farney, Tito Madi, Johnny Alf e Miltinho.

Os jovens Chico Buarque, Nara Leão, Sidney Miller, Milton, Caetano, Edu Lobo e Gil, que despontavam nos festivais, começavam a virar nossos ídolos. E Tom Jobim, o nosso Deus!

Pena nunca termos cruzado com Rosinha, grande violonista e nascida em Valença, cidade vizinha. Ela fez sucesso na bossa-nova, morou nos Estados Unidos, onde tocou com Sérgio Mendes, Bud Shank, João Donato e Marcos Valle. Em seu último disco, antes de cair em coma por doze anos, Rosinha de Valença dedicou uma música à antiga Rio das Flores: "Vila de Santa Tereza".

Na Forquilha, os arrasta-pés eram embalados ao ritmo do calango, animados pela sanfona arretada de oito baixos do Jorge, acompanhado pelo violão do Tachico, e mais cavaquinho, caixa e pandeiro. Em Valença, a população pobre e negra se divertia cantando e dançando o jongo, tradição dos quilombos de São José. Clementina de Jesus, nascida no bairro de Carambita, foi a sua maior intérprete.

Os bailes da fazenda aconteciam nas casas dos colonos, e os mais concorridos eram organizados por Tonho Neto, líder dos roçadores de pasto e um grande festeiro. As casas não possuíam luz elétrica nem eram muito espaçosas por dentro. Estendia-se, então, do lado de fora enorme lona de caminhão, a escoravam com toras de madeira e penduravam lampiões nos cantos para alumiar. O chão batido, socado, não evitava que a poeira vermelha subisse e infestasse roupas e cabelos, avermelhando os olhos. O calango comia solto até o amanhecer. Antes de o sol dar bom-dia, retireiros e molecotes davam no pé para tocar o gado para a primeira ordenha do dia nos currais espalhados pelas terras forquilhenses: Mundo Novo, Recreio, Deserto e Belém.

Antes de conhecer o pessoal que passava férias em Rio das Flores, ia muito pouco à cidade. Adorava ficar na fazenda. Era bom demais.

Entre 24 de dezembro à noite e 6 de janeiro, podia surgir, a qualquer momento, a Folia de Reis dos Mestres Tachico e Leleco, com os foliões usando uniforme: camisa de cetim, calça branca e quepe de marinheiro com enfeites. E empunhando estandarte e uma bandeira em forma de cruz — o símbolo sagrado da Folia — envolta em fitas coloridas. As músicas eram executadas pelo grupo do Jorge Sanfoneiro. Vinham também os palhaços mascarados, de quem as crianças morriam de medo, quando pulavam e gritavam para pedir dinheiro. A Folia, colorida e deslumbrante, se anunciava na porteira da fazenda:

> Santo Reis na sua casa
> é sinal de alegria.
> Ele veio trazer saúde
> para o senhor e família.
>
> Meu senhor dono da casa
> hoje eu vim lhe visitar.
> Vim trazer meu Santos Reis
> pra sua casa abençoar.
>
> Nós fazemos a imitação
> como os três magos fizeram
> quando foram pra Belém
> quando de Belém vieram.

Havia o negro Otacílio, amansador de cavalos, que conquistava a todos pela coragem e pelo largo sorriso que deixava à mostra os dentes de ouro. Só ele foi capaz de domar o fogoso Ciclone, filho do alazão Pingo, o marchador manga-larga mais exibido da Forquilha. Com a façanha, graças a um festival de chicotadas e esporadas na barriga do Ciclone, Otacílio se transformou em herói da meninada da Forquilha.

Aparecia o libanês Salim Chaim, carregando um enorme baú no lombo de um jumento, coalhado de quinquilharias: panos, joias, perfumes, toalhas, vestidos, unguentos e louças. Salim me fazia lembrar Xixi Piriá, mascate personagem de Mário Palmério em *Vila dos Confins*, que andava debaixo de sol forte, solitário, sempre com pressa para entregar as encomendas e os recados. A avó Jandira, a mãe Nilza, as tias e as primas adoravam o "turquinho", como elas o chamavam, e faziam pedidos para quando voltasse, alguns meses depois.

Havia também os ciganos, que acampavam na beira da estrada de terra no caminho para Rio das Flores e carregavam ciganinhas lindas de morrer, que liam as mãos e me davam enorme tesão. Os colonos e os fazendeiros não gostavam deles. Acusavam o grupo de roubar cavalos, galinhas e porcos. Outro grupo de ciganos, mas só de homens, aparecia uma vez por ano para consertar o equipamento de cobre do alambique, que produzia uma cachaça desgraçadamente ruim. Diziam que era a má qualidade da cana-de-açúcar.

Vez em quando seguia de charrete até Rio das Flores, puxada pelo imenso Crioulo, legítimo Percheron, para apreciar as modas, como falava vô Zé Reis. Ou pegava carona no velho Land Rover, sem freio, com meus avós, para assistir à televisão aos domingos na casa do escrivão Arides e da mulher Cidinha. O casal adorava receber visitas, punha três fileiras de bancos de madeira na pequena sala, que se enchia de gente, a maioria vinda das fazendas da região. Pregavam papel celofane transparente de três cores na frente do aparelho e o povaréu ficava embasbacado, achando que assistia a televisão em cores. O programa do Chacrinha era disparado o líder de audiência.

Nas passagens por Rio das Flores, comprava pacotes de Minister, o primeiro cigarro de filtro, e os escondia dos pais, em um cantinho do engenho, junto ao alambique. Como Sinval, o rabugento dono do bar, era o único que vendia cigarros da Sousa Cruz, mas só para maiores de idade, pedia a algum colono para fazer o servicinho. Em troca, lhe dava alguns cigarros. Aproveitava para, no barzinho fuleiro de seu Neném, junto à velha estação de trem, tomar cervejinha gelada, com o vô, que não ligava se eu era "de menor", com tira-gosto de jiló e maxixe cozidos.

Na fazenda, a televisão na sala da casa dos avós não funcionava de jeito nenhum, e não adiantava colocar chumaços de Bombril na antena em cima do aparelho. A tela virava um festival de chuviscos. Também não havia telefone. O contato com o mundo era através das ondas do rádio.

Não viajava para a Forquilha sem o Transglobe da Philco, aparelhão pesado envolto em caixa de plástico preto que, com seis faixas, sintonizava, perfeitamente, emissoras espalhadas mundo afora, principalmente à noite, quando se ouvia até a Rádio Moscou. Vibrava com as partidas de futebol narradas por Jorge Cury, Doalcey Bueno, Clóvis Filho e Waldir Amaral; não perdia os programas de auditório (comandados por Paulo Gracindo, César de Alencar e Manoel Barcelos) e os seriados do Anjo e do Jerônimo, o herói do sertão, na Nacional; ria a valer com os divertidos *Vai da valsa*, *A cidade se diverte* e *Levertimentos Lever*, na Mayrink Veiga, e me deliciava com a qualidade musical de *Músicas na passarela*, na Tamoio. O vô não dormia sem escutar na rádio Mundial a leitura da bíblia por Alziro Zarur, fundador da Legião da Boa Vontade e dono de voz possante e ameaçadora. O rádio era o companheiro nos dias de solidão na fazenda.

Nas manhãs seguintes aos bailes de Carnaval o programa era ir à piscina do Patronato de Menores — única da cidade e até com trampolim —, a dois quilômetros do centro, onde Wilson Simonal foi interno e tocava corneta na bandinha que se apresentava aos domingos na praça principal. Depois que descobri Mônica, no 17 de Março, queria espiá-la de biquíni (duas peças, na verdade), apesar da cara amarrotada. Nem todos da turma acordaram. Fui na marra. E a vi de pertinho. Para quê! Garanto que ali, à beira da piscina de água barrenta do Instituto Agrícola Saboya Lima, ao lado da estrada de terra junto do rio Preto, que divide Rio de Janeiro e Minas Gerais, me apaixonei loucamente por ela.

Não que Mônica tivesse um corpo escultural. Pelo contrário. Tinha uma discreta bunda, os seios pequeninos e as coxas um pouco finas. Sua beleza, seu mistério, estava no rosto, mais precisamente na boca, que formava um desenho único, especial. Quando sorria, os lábios ficavam como uma canoa, como uma rede esticada na varanda. Uma luz forte surgia de seus lábios e me hipnotizava.

Durante anos a fio, a população rio-florense — e cada paralelepípedo da avenida Getúlio Vargas, além da cachorrada vadia das ruas, como diria Nelson Rodrigues — sabia de cor e salteado de minha paixão. Eu esperava dela um aviso, um piscar de olhos, um gesto, uma mensagem, um assobio, um "oi" diferente. Nada!

No carnaval de 1966, o piso do salão do clube afundou. Don Rossé Cavaca, humorista (autor do clássico *Um riso em decúbito*), jornalista e ator que costumava passar as férias na cidade, inventou o Carnaval na base do toca-discos em um pequeno salão arrumado às pressas. Cavaca era extremamente criativo, mas nem tudo o que inventava dava certo. A experiência funcionou só por uma noite. O pessoal de Rio das Flores foi para Valença, cidade vizinha e mais movimentada, e brincou o restante da folia no Clube

Coroados. Em Valença, Mônica ganhou uma concorrente à altura. Linda e jovem como ela, uma morena se destacava no salão. Me assanhei, pensei em chegar junto, mas a paixão rio-florense falou mais alto, e perdi a chance de ganhar beijinhos da moreninha Monique. Que, pouco tempo depois, ganharia o sobrenome Evans, ao se casar com um jovem da cidade.

Se não arranjei namorada em Valença, Mônica não saiu de mãos abanando. Voltou com Nelsinho a tiracolo. Um desses bonitinhos, que não fedem nem cheiram. Ganhou imediatamente o apelido de Belo Antônio, personagem do filme de Bolognini, interpretado por Marcello Mastroianni, bonitão impotente de uma cidadezinha do interior da Itália. Foi um pontapé coletivo em todos nós que enchíamos a bola da morena da São Policarpo. Como Mônica podia se engraçar com alguém da cidade vizinha, desprezando a legião de apaixonados em Rio das Flores?! Senti, pela primeira vez, o gosto amargo de ser passado para trás. Nos bailes do 17 de Março, durante um bom tempo, esfregava Nelsinho na nossa cara. Mônica, pequena despudorada!

O panorama continuou nos dias e anos seguintes. Ela destruindo, sozinha ou agarrada ao sujeitinho de Valença, e eu procurando fazer funcionar a mirabolante tática do desprezo. Só os sucessos de Carnaval mudavam ano a ano: "Cabeleira do Zezé", "Tem francesinha no salão", "Vem chegando a madrugada", "A lua é camarada", "Tristeza", "Máscara negra", "Bandeira branca". Fim das férias, cada um ia para o seu canto; eu, repórter de esportes no *Jornal do Brasil*, e ela, estudante do ginásio no Instituto Santa Úrsula, ao lado do Palácio Guanabara.

Até os quinze anos eu pulava Carnaval no pequeno

salão da escola municipal da Forquilha, juntinho à casa do vô. Decorava o salãozinho com serpentinas, máscaras e cartazes que trazia do Rio. Organizava um bloco, que dava o pontapé inicial no armazém que funcionava dentro da fazenda. O grupo seguia por estrada de terra até a escola numa caminhada de quase duas horas. Éramos uns trinta, só homens barbados vestidos de mulher, dançando e cantando acompanhados pelo acordeão do Jorge e o violão do Tachico, além de caixa, surdo, tamborim e pandeiros, a mesma turma da Folia de Reis. As músicas de Carnaval eram tocadas no ritmo do calango e ganhavam roupagem exclusiva, única.

No caminho quase não cruzávamos com ninguém, era mato de um lado e do outro. E boi pastando aqui, outro ali. Quando passava um carro, buzinava para os fantasiados saírem da estrada e ia embora deixando enorme nuvem de poeira no ar. Quem era preto virava branco, de tanto pó.

Aos poucos fui trocando os bailes na escola da Forquilha pelos do clube em Rio das Flores, muita gente fez o mesmo, e nunca mais houve Carnaval na Forquilha. Para tristeza geral, principalmente de Tonho Neto, que comprava todos os anos vidros de lança-perfume e se divertia espirrando o líquido gelado na nuca das mocinhas.

Passava mais tempo em Rio das Flores do que na Forquilha, mas não abria mão do futebol na fazenda nos fins de semana.

O futebol lá era diferente. E põe diferente nisso: quem desse chutão para cima e cabeceasse a bola de volta seria aplaudido de pé. Craque! Um bumba meu boi puro e inocente. Aonde a bola ia, todo mundo corria atrás, como em jogos de crianças. Drible, nem pensar, uma coisa do capeta. Quem dava mais de um drible virava mito na hora.

O campo na Forquilha, pertinho da casa-grande, atrás dos terreiros de secar café, foi transferido pelo vô para longe da sede quando Moacir Macedo, vizinho da fazenda e sobrinho de Edir, levou três dribles de um jovem roceiro e esfregou a garrucha de dois canos na cara do rapaz, avisando:

— Se driblar de novo, dou um tiro na sua cara, moleque!

A vantagem do campo ao lado da estrada de terra, pertinho do cemitério do Abarracamento, era o de muita gente passar de carro, bicicleta, cavalo, caminhão, trator, charrete ou a pé e parar para acompanhar a fuzarca. Com plateia ficava mais gostoso. E foi ali, no campo de grama ralinha e coalhada de tocos de árvore, que a Forquilha conquistou a maior vitória da sua história: 2 a 1 no time de Rio das Flores, com um gol meu de cabeça. E com meu pai, inspirado, de goleiro, pegando até pensamento.

Foi marcada revanche em Rio das Flores dali a duas semanas.

Fomos na carroceria do caminhão do Moacir Macedo, aquele que levou os dribles, e desfalcados dos reforços que jogaram na vitória por 2 a 1 — dois irmãos da fazenda vizinha, a Bem-Posta, dois amigos que passavam férias na Forquilha e meu tio, Vicentinho, lateral esquerdo lento, barrigudo, mas que sabia das coisas.

Quando do alto do último morro da estrada avistamos a cidade lá embaixo, buzinamos sem parar, soltamos rojões, e Cocola, o valentão do pedaço, deu tiros de 32 para cima. A fazenda ficava a oito quilômetros da cidade.

Chegamos a Rio das Flores fazendo festa, mas senti

que a história não acabaria bem. Mônica e amigos, acomodados no barranco que fazia as vezes de arquibancada do mirrado estádio Doutor Elias, já se preparavam para torcer pelo time da cidade. Isso mexeu comigo e bambeou minhas pernas. Vi nossos jogadores com cara de bobos quando pisaram no gramado, enorme, oficial, com traves, redes e balizas de verdade, e não de bambus finos e tortos como no nosso campo. E mais: os jogadores deles eram outros, tinham pinta e jeito de quem conhecia do riscado, ao contrário dos mequetrefes que perderam lá na fazenda.

Pra encurtar a conversa, os 9 a 1 ficaram de bom tamanho, não quiseram humilhar. Não vimos a cor da bola, e eu fui expulso quando Rio das Flores fez 5 a 0 e um grupo de torcedores, junto ao pessoal da Mônica, xingou meu pai de frangueiro. Com razão. Mas pai é pai e pulei a cerca para brigar, e a turma do deixa-disso aliviou. Mas o juiz não me deixou voltar para o campo.

Por mais que tivéssemos sido goleados, por mais que a gentinha da Mônica ficasse sacaneando, voltamos para a fazenda com a sensação do dever cumprido. E com a certeza gostosa de que, em nosso campo, com balizas de bambu, tocos de árvore no gramado ralo, gente passando a cavalo pela beira, não tinha para ninguém. Eles de Rio das Flores que se danassem. Mônica e a turma dela também...

Entrei no *JB* aos dezesseis anos. Vivia-se uma época terrível no país, a ditadura fincando raízes enquanto o Marechal Castelo Branco passava o bastão para Costa e Silva. A repressão se tornava cada vez mais violenta. Cientistas, intelectuais, professores e jornalistas, perseguidos, eram expulsos ou se exilavam. E civis iam a cortes marciais para serem julgados pelos militares.

Acompanhei com intensidade o momento político, inconformado com a queda de João Goulart e com o golpe militar de 64. Participava de reuniões com a turma liderada pelo Gabeira (meu companheiro de redação), escondia gente e abria as portas de casa — na época morava só com minha mãe e minha irmã — para reuniões do PCB, do qual não fazia parte, mas onde tinha vários amigos. E mesmo sem ser estudante — concluí o científico e não cursei faculdade — participava de encontros e assembleias do meio universitário. E era brizolista até a morte.

Tempos depois, soube que Hilário, vizinho de muro na rua Félix da Cunha, Tijuca, e que conhecia de obras e olás — eu o encontrava na soleira da porta da casa, sem camisa, bermuda larga e comprida, banho tomado, cheirando a perfume —, construiu, em 1981, a bomba do Rio Centro, que estourou no colo do sargento Guilherme e que fora feita para explodir dentro do teatro, durante um show em comemoração ao Dia do Trabalhador com presença de dezoito mil pessoas. Hilário Corrales, marceneiro espanhol, fazia parte de um grupo secreto de ultradireita responsável por vários atentados a bomba no Rio de Janeiro.

Para viajar à Europa na excursão atrás da Mônica peguei empréstimo em banco, grana com o pai e financiamento na Cooperativa Pereira Carneiro (exclusivo para os funcionários do *JB*), onde Soneca, presidente e editor de turfe, deu um jeitinho de me incluir nos casos especiais, categoria que conseguia quantia maior. Luiz Lara Resende, redator, pegou empréstimo e me repassou o dinheiro, que paguei em dez suaves prestações, sem juros. Surgiu um problema: a duração de dois meses da viagem. Como fazer, se as férias eram apenas de um mês?

Como se divertiam com minhas desventuras com Mônica, o Oldemário Touguinhó, o Marcos de Castro, o João Máximo e o Roberto Porto, companheiros da seção de esportes, inventaram um jeito de eu viajar: eu teria direito a folgas acumuladas. Sabiam que se não viajasse ficaria inconsolável e insuportável. E o melhor era ser cúmplice. Houve recomendação de Sérgio Noronha, redator:

— Não faz merda na primeira noite, que é réveillon. Desabafa aos pouquinhos, senão espanta.

Fui à despedida que a Mônica indicou quando cruzamos na agência Polvani. Liguei para meu melhor amigo, Fernando, que tinha um fusquinha branco, e combinei de irmos juntos.

— Tô indo embora amanhã, vamos nessa que em Ipanema as festas costumam ser boas.

E lá fomos, debaixo de forte chuva que por pouco não nos faz desistir de atravessar o túnel Rebouças. Ele conhecia Mônica porque fora duas vezes a Rio das Flores. O pai da Solange, boêmio, divertido, organizou uma bela festa de despedida para a filha e os amigos. Além do jantar, canapés sortidos, bebida à vontade e show com o sambista Paulo Marquez.

Como diz a música do mestre Aldir Blanc, "Quantas oportunidades eu perdi por não saber dançar", eu não dançava. E insistia nessa tática que jamais funcionava, confiando que, em algum momento, daria certo. O amigo de fé Fernando se apressou em tirar Mônica para dançar. Antes, passou por mim e disse: "Vou adiantar o seu lado". Acreditei. Aos poucos, vi que o lado adiantado era o dele: Fernando e Mônica dançavam juntinhos, abraçadinhos e trocavam carícias. Atônito, não sabia o que fazer.

Quase meia-noite, faltava pouco para subir no *Giulio Cesare*, via os planos, um a um, indo para o buraco. Pensei em sumir e nem olhar para trás. E desistir da viagem. Mas chovia forte e decidi ficar um pouco mais, o suficiente para a festa terminar. Mônica foi embora com o irmão. Fernando pediu que esperasse, queria conversar (e se justificar) no caminho de volta para a Tijuca. Antes, pedi para passarmos no Leme, queria desabafar com os amigos. Eles estavam lá, como sempre, no bar em frente à saída das belas dançarinas do Fred's, boate de Carlos Machado, o rei da noite carioca.

Cheguei falando em altos brados, avisando que não viajaria mais, porque o meu melhor amigo acabara de me trair. E que Mônica não me merecia, porque não dava a mínima para uma verdadeira paixão. Ingratos!

Zé Carlos, Hélcio e Chico Carlos ouviram pacientemente, mas logo me jogaram dentro do fusca do Fernando, pois amanhecia e chegava a hora de ir para o cais. E ainda tinha de pegar os documentos e as malas em casa. Eu e Fernando voltamos para a Tijuca sem trocar palavra, a não ser na despedida:

— Agora que você ganhou a parada — eu disse — pode subir, pegar minha passagem e viajar no meu lugar.

Fernando pediu que viajasse tranquilo, que não tinha havido nada entre ele e Mônica. Só um flerte, um sarro, coisa sem consequência.

— Vai em paz, você tem dois meses pela frente para resolver a parada.

Aos trancos e barrancos, arrasado, entrei no chuveiro, deixei a água morna escorrer na cabeça por bom tempo. E decidi viajar. Me despedi dos meus pais, implorei que não fossem ao embarque, achava melhor assim. Peguei um táxi e me mandei para a praça Mauá. Subi apressadamente a rampa dos passageiros e guardei duas pesadas malas na apertada cabine, que dividiria com outros cinco companheiros de excursão. E fui caminhar pelo navio, já lotado de familiares que subiram a bordo para se despedir e conhecer as entranhas do famoso transatlântico.

O *Giulio Cesare* impressionava pelo luxo e pela riqueza dos salões, bares e restaurantes e pelas instalações — quatro cinemas, elevadores, agência de banco, capela, mini-hospital, academia de ginástica, três piscinas, salão de beleza, barbeiro. E pela quantidade de gente que transportava — duzentos e quinze na primeira classe, oitocentos e cinquenta e oito entre a segunda (onde ficamos) e a terceira e quinhentos tripulantes. O mais moderno transatlântico pós-Guerra, propriedade da Italia Società di Navigazione, zarparia na quente manhã daquele domingo e dali a nove dias chegaria ao porto de Lisboa, primeira parada da excursão, onde fazia muito frio.

Em uma das imensas salas, esbarrei com Mônica, acompanhada da mãe, do irmão, de amigas e... do Fernando. Pensei em quebrar a cara dele ali mesmo, mas algo me segurou. A mãe dela pediu:

— Você que conhece bem a Mônica, por favor, tome conta dela, não a deixe fazer besteira.

Fiz cara de "Sim, deixa comigo", mas por dentro remoía o ódio. Como é que pode uma coisa dessas?!

Uma hora depois, o navio apitou algumas vezes — era o aviso para que os visitantes fossem embora. Desceram todos e, com eles, meu rival. Os passageiros foram para o convés. Lenços brancos, choradeiras dentro e fora do navio, apitos estridentes do *Giulio Cesare*, gritos e serpentinas atiradas ao mar compunham o cenário da partida, enquanto os rebocadores arrastavam calmamente o transatlântico de duzentos e sete metros de comprimento para fora da baía.

A praça Mauá se afastava, via-se ao longe, no morro em frente ao prédio de vinte e quatro andares de *A Noite*, o colégio São Bento, onde estudei, o mosteiro, os enormes sinos da torre da igreja e as árvores do campinho de futebol da escola. Fiquei surpreso ao ver Mônica ao meu lado, debruçada na murada do navio, lenço colorido na cabeça, olhos cheios d'água, lançando beijos de despedida ao vento, como Jennifer Jones em *Suplício de uma saudade*. Quando o cais já pouco se via, decidiu entrar, antes me olhar de um jeito como nunca fizera.

Pensei: "O pior passou, afinal não sou eu quem vai viajar com ela?".

O primeiro dia a bordo foi divertido e confuso. Um furdúncio. Um formigueiro de gente andava pra lá e pra cá a fim de saber o que era isso ou aquilo, e onde encontrariam o restaurante, o bar, o banco, a piscina, o cinema. E os detalhes da noite, porque era 31 de dezembro e avisos espalhados pelos corredores convocavam os passageiros para festas em salões distintos. Exigiam traje passeio completo (paletó e gravata) e garantiam jantar com uma garrafa de champanhe grátis em mesa para quatro pessoas. E música ao vivo: em um dos salões, orquestra tradicional e, em outro, conjunto de chá-chá-chá, mambo, merengue e calipso.

Zanzei um pouco pelo navio, porque me juntei a um grupo que abrira cedo os trabalhos no bar das piscinas. Sentia uma sensação gostosa, as coisas estavam entrando nos eixos e talvez dessem certo, apesar dos percalços dos últimos dias.

Estar ali, a bordo com ela, não era o que eu havia planejado?

Alguns na mesa do bar se conheciam. No centro das atenções se destacava um pernambucano alto, meio careca, óculos fundo de garrafa, que falava no último volume, dono da boca mais suja que conheci: Hélio Delgado, o Hélio Palavrão ou Hélio P, como o apelidavam, engenheiro formado pelo Instituto Militar de Engenharia (IME), escola frequentada por alunos acima da média. Fomos de saída com a cara um do outro e nasceu ali uma amizade que durou muito tempo.

O encontro serviu como cartão de visitas: "Esse aqui é o fulano"; "Meu nome é sicrano"; "Moro em..."; "Estudo no..."; "Trabalho com..."; "Vim porque um amigo veio"; "Sou irmão de um cara que se formou"; "Meu pai me deu de presente...". Chegou minha vez. Contei que trabalhava como repórter de esportes no *Jornal do Brasil* e que acabara de regressar da primeira cobertura internacional — três partidas que terminaram empatadas da seleção brasileira contra o Uruguai, em Montevidéu, pela Copa Rio Branco. Viagem em que conheci Tostão e pude ver Edu, meu craque inesquecível do América, jogar com a camisa da seleção. Além de ter passado uma tarde inteira conversando e tomando café e conhaque com o ex-presidente João Goulart, no hotel Alhambra. Jornalista de esportes e do *JB* eram enormes credenciais no meio de um bando de homens. Não parei por aí. Fui em frente:

— Estou aqui atrás de uma paixão. Roma, Paris, Londres não têm a menor importância. A viagem para mim é a Mônica.

Foi um choque. Fui aplaudido. Ergueram-se brindes à paixão pela Mônica, mesmo sem ninguém conhecê-la. Incentivados pelo Hélio, queriam detalhes. Falei sobre Rio das Flores, as fazendas da Forquilha e de São Policarpo, os bailes de Carnaval no clube, a preparação minuciosa para a viagem, só não disse nada da festa de despedida. No pequeno grupo — éramos cento e vinte e cinco pessoas na excursão —, se estabeleceu imediatamente um pacto de solidariedade. Proposto, é claro, por Hélio Palavrão.

— Ninguém vai dar em cima dela na viagem. A prioridade total é do nosso amigo aqui, o Trajano.

Queriam vê-la, saber de quem se tratava. Ficaram todos curiosos.

Decidimos comprar duas mesas no salão animado pelo conjunto *Juanito Prado* e outra no salão embalado pela orquestra *Stardust*, para aproveitar ambas as festas. E partimos para a primeira noite, o réveillon, como velhos amigos de outros carnavais — Hélio, Cid, Mário César, Mariozinho, Silvio e eu.

Os conselhos do Noronha martelavam minha cabeça e tratei de não fazer merda, de me comportar pianinho, sem exageros. Não parti para cima e para baixo atrás dela e lancei a bordo a semente da tática do desprezo. Quem sabe ali daria certo?

Estava feliz, pertinho da Mônica, a caminho da Europa, e me comportei com calma e moderação na primeira noite.

O baile com a orquestra foi bem mais animado do que com o conjunto *Juanito Prado*, fajuto e sem ginga para ritmos caribenhos — o carro-chefe eram sucessos de Marino Marini, versão italiana do grande Perez Prado. A rapaziada se divertiu com sucessos de ícones italianos: Rita Pavone, Pepino di Capri, Ornella Vanoni, Gigliola Cinquenti e Gianni Morandi, os dois últimos com canções sob medida para dançar agarradinho.

Acostumado com o formidável Ed Lincoln, que animava os bailes do América, achei o conjunto e a orquestra de quinta categoria. Por ser um dia especial, puxei Mônica durante um número, mesmo dançando mal à beça. Não dei trela, para não avançar o sinal antes da hora. A viagem estava só engatinhando.

Se não fiz lambança no réveillon, no dia seguinte, 1º de janeiro, enfiei o pé na jaca... Ou quase.

Não é certo dizer que me precipitei e fui com sede ao pote, como me disse Mônica no final da conversa num bar no fundão do navio. Fiz o que era para ser feito e já dissera na véspera: estava ali por causa dela. Foi a primeira vez, desde que a conhecia, que ficávamos juntos, sozinhos e com tempo à vontade para conversar. O barzinho fora escolhido a dedo, durante o dia circulei pelo *Giulio Cesare* atrás de um canto reservado. Depois da cantilena, que ela ouviu com atenção, sugeriu que eu esperasse:

— Você está pondo o carro adiante dos bois. Ainda mais não entendo o porquê disso tudo. A gente nem se conhece direito e poucas vezes na vida falou um com o outro.

O encontro não teve sabor de derrota nem de vitória. Coluna do meio. Levei como "Vou pensar no seu caso". Perguntei sobre o Fernando e, evasiva, ela garantiu que não teve nada a ver, "Nada demais", deu de ombros.

Se não foi o melhor dos mundos, a conversa não me jogou para escanteio. Deu forças para continuar, principalmente porque os novos amigos acharam que ela não tinha me dado um fora e sim aberto uma porta:

— Vai com calma que você chega lá.

O dia a dia no transatlântico era baita programa para gente velha, mas mesmo assim nos divertíamos. Pela manhã, banho de piscina. Depois do almoço, jogo de cartas e de adivinhação. À tarde, recitais de música clássica com pianista sonolento acompanhado de gordas cantoras líricas vestidas em traje de gala. À noite, bailes, sorteios de prendas, comilança e muita bebida. Além de sessões de cinema, concursos de tiro ao prato e aulas coletivas de ginástica. Para as mulheres, massagens e outras frescuras.

Depois de alguns dias de viagem, Zezinho Trajano/Mônica era o assunto predileto da excursão. E também de muita gente que não fazia parte do grupo e que ficou sabendo do caso. Hélio Palavrão, exagerado, quis estender o compromisso de "ninguém pega a moça".

Nem todos pensavam assim. Cadu partiu para cima da Mônica. E ela caiu na dele. A partir do quarto dia de viagem, os dois viraram namorados. E eu só não me atirei ao mar porque faltou coragem... Mentira.

Queria ir até o fim. E mais: alguma coisa dizia para não desistir, apesar de mais uma cacetada no coração.

Hélio propôs uma surra no Cadu, mas o fiz mudar de ideia, o sujeito se passaria de vítima. Hélio aceitou, mas rosnava quando ele passava. Cadu se formara em engenharia e tinha colegas de faculdade na excursão, além de companheiros de praia em Ipanema.

*

Hélio Palavrão e cia. chamavam a atenção dos passageiros da segunda classe — foram advertidos várias vezes aos berros por oficiais e marinheiros do navio por mergulhar de cabeça na piscina e abaixar o calção para mostrar a bunda, o famoso bundalelê.

Eu assistia de longe. Mas tinha voltados para mim os olhares de muita gente, que queria ver como me comportaria quando o casalzinho Mônica e Cadu cruzasse meu caminho.

As refeições no *Giulio Cesare* eram espetaculares, com destaque para o jantar, suntuoso até mesmo na segunda classe. Quem bobeasse desceria do navio com muitos quilos a mais. Como um porco capado na ceva. O transatlântico tinha nove câmaras frigoríficas para armazenar dez toneladas de carne, cinco câmaras para massa e arroz e uma para peixes e frutos do mar. Comia-se o dia todo, e até de madrugada, quando serviam fartos lanches durante e depois dos bailes.

Na lista gastronômica os doces ficavam no topo: pela ordem, os canoli sicilianos, os cantucci toscanos, as pastieiras napolitanas, as panna cottas e os cremes zabaione e os sorvetes. A confeitaria do navio era de se tirar o chapéu e podia-se repetir à vontade, sem nenhum constrangimento.

Depois de um daqueles jantares pantagruélicos, virei a grande atração do navio, com a apresentação do filme *Uma rosa para todos* (*Una rosa per tutti*), inédito no Brasil e exibido a bordo com o maior estardalhaço.

Quando vi os cartazes, surpreso, falei para alguém que trabalhara no filme. A notícia circulou. E, de uma hora para outra, me transformei em protagonista ao lado de Claudia Cardinale, Lando Buzzanca, Akim Tamiroff, Nino Manfredi, Grande Otelo e José Lewgoy na comédia dirigida pelo italiano Franco Rossi, rodada no Rio de Janeiro. Na verdade, fui mero figurante, durante a gravação de uma partida de futebol, no Maracanã.

A história: Dácio de Almeida, repórter e companheiro do *JB*, entrou espavorido sábado à tarde na editoria de esportes perguntando quem estava a fim de jogar contra "uns artistas" no dia seguinte, no Maracanã. Faltavam jogadores e ele ficara encarregado de montar um time de jornalistas. Muita gente se ofereceu. Fomos.

No vestiário, por pouco não sai briga, porque os que ficaram na reserva queriam começar jogando. Desfeita a confusão, seguimos animados pelo corredor e subimos para o campo, emocionados até, pela chance de jogar no maior estádio do mundo. Ao pisar no gramado e chutar a bola, ouvimos uma voz não sei de onde:

— Pode parar, pode parar. É proibido bater bola no gramado.

Soou estranho. Perguntamos para o Dácio:

— O que é isso, companheiro?

O gramado estava repleto de equipamento de filmagem: refletores, câmeras, gruas, fios. E de maquiadores, assistentes e produtores, e de uma turma protegida do sol, debaixo de tendas e guarda-sóis. Eram os atores. Dácio avisara que o jogo seria gravado, mas não disse para quem, nem por quê. Também ninguém quis saber. A parafernália chamou atenção. Aos poucos, identificamos: Buzzanca, Tamiroff, Manfredi, Lewgoy e um brasileiro que morava no

México, Milton Rodrigues. Senti a arapuca em que o Dácio nos tinha colocado.

Passamos a manhã tocando bola uns para os outros, sem sair do lugar, debaixo de sol escaldante, enquanto o diretor Franco Rossi mandava voltar e repetir as cenas. Em nome da continuidade, ninguém podia ir embora. Vontade não faltou. Os que ficaram aborrecidos na reserva trocaram rapidamente de roupa e de humor, nos sacanearam e foram embora, rindo a valer do mico.

Mas de alguma forma participara do filme. Quem sabe não apareceria de corpo inteiro ou em close?

Quando pisei no tapete vermelho do cinema do *Giulio Cesare*, fui recebido como estrela, sob aplausos e gritos de "salve" liderados por Hélio Palavrão. Uma poltrona foi reservada na primeira fila. Fiquei ali, desconfiado, até aparecer o jogo no Maracanã, do meio para o fim do filme. Quando a cena acabou, saí de fininho, receoso da reação quando acendessem as luzes. Só apareceram os pés dos jogadores e, de maneira tão rápida que nem eu identifiquei minhas chuteiras. Vexame completo.

Ah! E Claudia Cardinale, mocinha do filme?

Nem para isso as filmagens valeram. Vi a belíssima estrela muito de longe. La Cardinale gravou as cenas no alto das arquibancadas, a metros e metros de distância dos peladeiros-figurantes, que se derretiam de calor no inesquecível e xexelento domingo de manhã.

Era quase impossível ficar sozinho a bordo.

Dividia o camarote com outros cinco. A cada canto do navio que ia, encontrava alguém, não havia sossego nem no barzinho a que levei Mônica no início da viagem. Queria entender o porquê da fixação, da perseguição absurda, dela mexer tanto comigo. Não conseguia. Era estranho, novidade para mim, que nunca experimentara me apaixonar por alguém.

"Será que isso é amor?", perguntava.

Começava a me achar um cretino, um idiota, um merda. Seria uma obsessão, doença? Ela me enfeitiçava, me encantava, valia a pena continuar insistindo? Afinal, o que a gente procura no outro? Sofrimento? Até agora só tinha sido isso.

Enquanto o navio atravessava o oceano, a cabeça, confusa, vivia atordoada. Mas eu conseguia disfarçar.

Chegar à Europa pela primeira vez depois de nove dias flutuando nas águas do Atlântico é pra lá de estranho. Um misto de euforia e de desejo realizado. Não sabia se ria ou chorava. Além do mais, o navio balança à beça, e logo que põe o pé em terra você bambeia e tonteia como se tivesse tomado umas e outras.

Enquanto se aproximava do destino, o *Giulio Cesare* fazia estardalhaço, apitava forte e um oficial convocava os passageiros para o convés. O transatlântico entrou firme pela foz do Tejo nas barbas do farol do Bugio, onde o rio é mais estreito, para se alargar de novo pertinho do cais. Um límpido céu azul-claro enfeitava a cena que tanto aguardava. O vento frio estapeava o rosto, e me emocionei com a paisagem.

Nem sinal da Mônica, que, ao contrário da partida na praça Mauá, não estava ao meu lado.

Surgiu a torre de Belém, despontaram os telhados das velhas casas, emergiram os antigos monumentos, os imensos castelos e a imponente ponte Salazar, recém-inaugurada (em 1974, com a Revolução dos Cravos, passou a se chamar 25 de Abril, ligando Almada a Setúbal).

Lembrei-me de meu pai, professor de história e diretor do Patrimônio Histórico do Rio de Janeiro. Fui criado em meio a montanhas de seus livros, ouvindo conversas sobre a torre do Tombo — guardiã de quilômetros de documentos sobre a história do Brasil, inclusive a carta de Pero Vaz de Caminha, extraviada até 1817. E sobre a Escola de Sagres, comandada pelo infante d. Henrique, e também do terremoto que devastou Lisboa, em 1755, com a morte de mais de oitenta mil portugueses. Depois que se separou de minha mãe, eu encontrava pouco meu pai. Gostaria que estivesse ali, destrinchando os detalhes que me fascinavam. Seria uma maneira de nos aproximar, o que não foi possível nos últimos anos de sua vida.

Chegando ao cais de Alcântara, o movimento nos corredores do *Giulio Cesare* ficou agitado. Os passageiros, eufóricos, atropelavam uns com outros, atrás das pesadas bagagens carregadas de roupas de lã para enfrentar o frio. Dali a pouco estaríamos em terra firme. E a história seria outra. Pelo menos esperava que fosse.

A excursão levaria setenta dias, desde a saída no *Giulio Cesare* até o retorno à mesma praça Mauá, em 1º de março, a bordo do *Augustus*, que partiria do porto de Nápoles. Em Lisboa, onde ficaríamos quatro dias, com esticadas até Cascais, Estoril e Sintra, dividiram o pessoal em cinco grupos, cada um com vinte e cinco pessoas e em ônibus exclusivos. Fiquei em um ônibus diferente do da Mônica, e também do Hélio Palavrão, meu cão de guarda. Mas não ficaríamos longe uns dos outros, porque os hotéis eram sempre os mesmos.

O roteiro, percorrido por terra em ônibus fretados pela Polvani, era excitante: Lisboa, San Sebastián, Madri, Toledo, Genebra, Paris, Londres — única vez que viajamos de avião —, Amsterdam, Colônia, Frankfurt, Munique, Viena, Cortina d'Ampezzo, Veneza, Milão, Florença, Roma e, finalmente, Nápoles.

Lisboa, 1968. Chegamos à cidade no último ano de Salazar. Em agosto, o ditador sofreria uma queda que o deixaria incapacitado para continuar à frente do governo, mas a ditadura se manteria impondo censura e intensa repressão. O governo salazarista, mesmo sem o líder, morto em 1970, deu as cartas até 1974, quando a Revolução dos Cravos pôs fim a uma das mais longevas ditaduras da história moderna: quarenta e um anos.

A capital portuguesa parecia triste, fria, abatida, não só por viver a ditadura do alquebrado e envelhecido Salazar, mas pela enchente que atingira vários bairros, deixando trágico saldo de setecentos mortos. Quando chegamos, não se falava em outra coisa. Ou melhor, se falava, sim. Do Benfica e do craque moçambicano Eusébio, o "Pelé africano", que estraçalhou na Copa na Inglaterra, em 1966, levando Portugal ao inédito terceiro lugar, sob comando do brasileiro Otto Glória. E também de Amália Rodrigues, a maior cantora de fado de todos os tempos, que recusara convite para ser atriz em Hollywood.

Os jovens da excursão — uma ou outra mãe viajou acompanhando a filha menor de idade — pareciam um bando de velhos. Em Portugal, pelo menos. O pessoal demorou a se soltar. De manhã, a programação: visita a museus e a monumentos históricos. Ninguém dava a mínima para o que se via ou o que o guia explicava. A diversão era tirar polaroides e mostrar uns para os outros. À noite, cada um fazia o que bem entendia, mas a maioria ia jantar no restaurante mais careta, mais caro e sob encomenda para turistas.

Hélio Palavrão destoava. E me encaixei na sua turma. Saíamos para jantar e encher a lata de vinho, amarguinha, ginjinha e bagaceira em pequenas e aconchegantes tascas em Chiado, Bairro Alto e Alfama, onde disputávamos a tapa lascas de bacalhau, tremoços, caracóis e frutos do mar — destaque para as enormes centolas. Levados pelo nosso comandante Hélio Palavrão, fomos a casas de striptease e, uma vez, a um elegante puteiro, cheio de negras exuberantes das colônias de além-mar. Virou segredo o que fazíamos pelas madrugadas. A partir das secretas aventuras lisboetas, criou-se forte laço de cumplicidade entre nós.

Nascia a patota do Hélio Palavrão e do Trajano, que duraria até o final da excursão. E até um pouco além.

Vários casais se formaram à medida que a excursão caminhava. Quando chegamos a Madri eram uns sete. Na nossa turma ninguém se deu bem, não que não tivesse chances. Achávamos quase todas as moças metidas a besta, fresquinhas, cheirando demais a Patchouli, perfume da moda. Melhor era não ter rabo preso para poder pintar e bordar à vontade. Mônica e Cadu continuavam firmes, evitava trombar com eles. Acredito que eles também comigo.

A Espanha, assim como Portugal, vivia ditadura fascista. A do generalíssimo Franco, que se arrastava desde o final dos anos 1930, depois de terrível guerra civil quando morreram quinhentas mil pessoas. Madri parecia menos triste do que Lisboa, apesar de me sentir à vontade na capital portuguesa, pela gentileza do povo, pela facilidade do idioma ou, quem sabe, por lembrar histórias contadas por meu pai.

As pessoas, desconfiadas, tinham receio de falar em público em Madri. Quando perguntava sobre Franco, não ganhava resposta. Respondiam com caretas e gestos. Como era repórter de esportes, me enturmava — em bar, loja, restaurante, táxi — falando de futebol. Quem dava as cartas era o Real. Di Stefano e Puskás, cujas carreiras conhecia na palma da mão, haviam pendurado as chuteiras. E o ponta-direita Canário, ídolo do meu América, se transferira do Real Madrid para o Real Zaragoza. O histórico time supercampeão de Madrid virara pó, e os torcedores não viviam em lua de mel com a nova geração de jogadores, apesar de alguns títulos conquistados.

Apelava para o cinema. Frequentador do Cine Paissandu, no Flamengo, conhecia quase todos os filmes de Buñuel, mas não adiantava falar dele porque os espanhóis o conheciam pouco, já que fazia tempo que se mudara para Paris e, depois, para o México. Recorria à beleza de Sarita Montiel, famosa estrela de *La Violetera* e, conforme o interlocutor, lembrava os cantores prodígios Marisol e Joselito e Pablito Calvo, ator no inesquecível e chatíssimo *Marcelino, pão e vinho*.

A programação na capital espanhola não foi diferente da de Lisboa: visitas a museus e monumentos pela manhã, tardes de compras e à noite jantares em restaurantes para turistas. A nossa turma fazia diferente: vinho, sangria, xerez, striptease, polvo a galega, paella, tapas e pintxos (saborosos minissanduíches com um palito espetado) e pouquíssima compra, porque a grana era contada.

Houve quiproquó durante um espetáculo de música flamenca em uma sofisticada casa de shows, que funcionava em um subterrâneo no centro de Madri. Lindas dançarinas, de pernas de fora, lascavam com vontade os altos tamancos no assoalho, enquanto tocavam castanholas e eram acompanhadas por violonistas e cantores. Hélio, de cara cheia, se empolgou com uma delas. E subiu ao palco para beijá-la. Foi imediatamente arremessado por um dos músicos de volta para a plateia. O espetáculo parou e se instalou a maior quizumba. Carregamos o Hélio à força para fora, debaixo de vaias e protestos dos fregueses. Ele respondeu com imensa variedade de palavrões, que conhecia como poucos.

Como dizia Otto Lara Resende, "coisa boa é ler cartas". Escrevia cartas e cartões-postais e os deixava na portaria para que enviassem ao Brasil. Para obter resposta, colocava endereço de hotéis em que me hospedaria mais adiante, porque, até uma ir e outra voltar, levava dias.

Em Paris, após a excursão passar por Lisboa, Madri, Toledo e San Sebastián, haviam chegado algumas — do pessoal do *JB*, de minha mãe, de minha irmã e do Fernando. Soube então como andava nosso país, com o medo crescente nas pessoas e amigos. E gente conhecida sendo presa, se exilando, se escondendo. Militares e civis, apoiadores do golpe, escorados na nova Lei de Segurança Nacional, cometiam barbaridades.

Fernando, entusiasmado com a Tropicália, que arrebentou no Festival da Record, contou que Gil e os Mutantes, com "Domingo no parque", e Caetano e os Beat Boys com "Alegria, alegria" tocavam sem parar nas rádios. E também "Roda viva" do Chico, "Ponteio", de Edu Lobo, e "Margarida", de Gutemberg Guarabira, amigo do Leme.

Revelou que se encantara especialmente com Milton Nascimento, cantando *Travessia*.

Nunca imaginei chegar a Paris de ônibus. Mas assim foi. A algazarra da turma parecia a de uma excursão de fim de semana para o piscinão de Ramos.

A frustração na perseguição a Mônica e a distância da turma do Hélio durante as viagens me abatiam. Andava cabisbaixo. A saudade e a preocupação com o que acontecia no Brasil não me faziam bem. Mas a chegada a Paris me reanimou. E como!

Dali a pouco viveria — imaginava — a atmosfera da nouvelle vague. Será que cruzaria com a musa Anna Karina, recém-separada do Godard? Seria uma conquista histórica para provocar ciúme. Mas será que Mônica sabia quem era Anna Karina? Com certeza, não. Ela tinha apenas dezesseis anos, não frequentava o Paissandu e o Tijuca Palace nem era leitora do Caderno B e muito menos ouvira falar dos *Cahiers du Cinema*. Seis anos mais velho do que ela, apesar de jornalista principiante, eu sobressaía na excursão por conhecer muita gente: jogadores de futebol, artistas, políticos, cantores, compositores. Mônica não estava nem aí para isso.

Paris, o lugar ideal para uma volta por cima. Eu que fumava e bebia como condenado, me sentia em casa. Lá até cachorro fumava. O hotel, o mais movimentado até então, era um desfile de gente bonita e elegante. Havia festa para tudo quanto é lado. Houve a noite em que surrupiamos seis garrafas de champanhe de um casamento, com Mário César puxando uma cordinha amarrada no gargalo. Ele penetrou na festa, se colocou ao lado da mesa dos garçons, no terraço do hotel, e fez o serviço na maior tranquilidade. Da janela do terceiro andar, Hélio Palavrão puxava as garrafas, uma a uma, com habilidade. Nessa noite, nem saímos para jantar no Au Pied de Cochon ou no La Coupole, favoritos da maioria. A festa foi no quarto do Hélio, regada a champanhe e salgadinhos do casamento.

Em Paris, me imaginava dançando como Gene Kelly, e Mônica como Leslie Caron, em *Um americano em Paris*, embalados pelas músicas de Gershwin. Andava pelas ruas, debaixo de chuva, em dias friorentos, com cigarro no canto da boca, gola do sobretudo suspensa, como Jean-Paul Belmondo em *Acossado*, do Godard. Perambulava pelos bares de jazz do Quartier Latin, imaginando encontrar Miles Davis e Chet Baker. E tomava Pernoud com gelo para atravessar a madrugada.

Para orgulho dos brasileiros, cartazes nas ruas em Paris anunciavam show da jovem cantora Elis Regina, acompanhada do Bossa Jazz Trio, no Olympia, em março, um mês depois. Pena!

Charles Aznavour se apresentava no badalado teatro. Vivia o auge da carreira. Fomos em bando vê-lo. Achei o show cansativo, mas valeu conhecer o Olympia e assistir ao vivo ao ícone francês de origem armênia. No dia seguinte, me emocionei com a apresentação, na Faculdade de Arquitetura de Paris, do grupo vocal Swing Singers, interpretando Bach, liderado por Cristine Legrand, irmã do talentoso compositor Michel, espécie de Tom Jobim francês, autor da sensacional trilha de *Os guarda-chuvas do amor*. Mônica foi ao show com amigas, sem Cadu, e fiquei desconfiado e bem animado.

Em Paris, a excursão se dividiu. Os que pagaram o pacote para ir a Londres seguiriam de avião, enquanto os outros continuariam de ônibus até a Bélgica. Cinco dias depois todos se encontrariam em Amsterdam. Como não paguei para ir a Londres, seguiria para Bruxelas. E aí Hélio Palavrão entrou em cena.

— Você vai para Londres, não vai?

— Não, Hélio, não paguei e sigo de ônibus. A gente se vê na Holanda.

— Isso é o que você pensa. Estão aqui sua passagem e o voucher do hotel. Fizemos uma vaquinha e você vem com a gente. Ainda mais, a excursão sem você seguindo a Mônica não tem a menor graça.

Foi assim que parti para a ilha dos Beatles, graças a Hélio Palavrão e à sua turma. Inesquecíveis!

Cheguei a Londres com o moral lá em cima, após dias animados em Paris, um clima esquisito entre Mônica e Cadu e agradecido ao pessoal pela camaradagem. Londres estava na crista da onda. Os Beatles lançavam o álbum duplo *Magical Mystery Tour* e a música mais executada tinha tudo a ver com minha história:

"All you need is love", tudo o que você precisa é de amor.

A perseguição a Mônica começara a cansar. A doer. Um dia antes do show de Diana Ross e as Supremes, achei que merecia melhor sorte e que o negócio era partir para outra.

Chega! Esbravejei com convicção.

Espalhei a novidade para os amigos. Hélio e Mário César, escolados, não acreditaram. No final da noite, encontramos com Mônica em um bar-cassino, que abrigava roleta e carteado no porão. Acompanhada do Cadu, mas talvez sabendo da mudança de planos, me tratou com delicadeza e simpatia. Foi o bastante para mais tarde, enquanto me atracava com um gorduroso *fish and chips*, numa lanchonete indiana vizinha ao hotel, virar para a turma e anunciar nova alteração de rumo.

— Fica tudo como antes, cambada. Não dá para jogar fora essa paixão!

Em Londres, as moças fizeram farra comprando saias *kilt* de lã, minissaias, chapéus, sapatos e bolsas nas lojas de Carnaby Street e King's Road. Comprei dois discos dos Beatles, um das Supremes, um dos Bee Gees, e uma camisa da seleção inglesa, sem número e sem nome, mas gostaria que fosse de Bobby Moore, o maior zagueiro inglês de todos os tempos e campeão do mundo um ano e meio antes, em Wembley. Eu o veria em ação, jogando como poucos, em 1970, na Copa do México.

O show do Iron Butterfly no espetacular Albert Hall foi o clímax em Londres. E a única vez que praticamente todos os cento e vinte e cinco integrantes da excursão foram ao mesmo lugar na mesma hora. Era a turnê de despedida de alguns músicos da banda americana de rock que arrebentaria no mesmo ano com "In-a Gadda-da-vida". Fui embora antes do fim, não era minha praia. Som legal, mas pesado demais para um cara acostumado com jazz e bossa-nova.

No dia seguinte, para um refresco musical, dei um pulo no Ronnie Scottt's, clube de jazz no Soho, e ouvi a noite inteira o sax-tenor norte-americano Sonny Stitt, discípulo dos mestres Charlie Parker e Lester Young. Conhecia Stitt de ouvir seus discos na casa de meu primo, Luiz Orlando Carneiro, um grande conhecedor de jazz e responsável por me colocar aos dezesseis anos no *Jornal do Brasil*. Ele era repórter lá.

De Londres seguimos para encontrar o restante da excursão em Amsterdam.

Passamos rapidamente pela Holanda. As mulheres seminuas nas vitrines no bairro vermelho de Amsterdam deram pretexto para pôr o papo sobre sexo na ordem do dia. Hélio quis fazer pesquisa entre as moças para saber quem era virgem e foi imediatamente rechaçado. Mas o fala-fala criou um clima sacana entre nós e elas. Com piadinhas, insinuações e provocações mútuas. O que foi interessante e perturbador.

As casas que vendiam maconha receberam nossa visita. Hélio Palavrão comandou a farra fazendo estardalhaço. Para nossa turma, foi uma noite e tanto. Saímos de lá felizes da vida, cantando e caminhando sem pressa pelos intermináveis canais de Amsterdam. O fuminho era dos bons! Para a maioria, tinha sido a primeira vez. Hélio ficou com a macaca, engraçadíssimo, só um pouco folgado demais — já era quando não fumava. Quase entramos em cana por fazer muito alarido e zum-zum por onde passávamos.

Na Alemanha a excursão passou por Frankfurt, Colônia e Munique, com a rapaziada enchendo a cara todas as noites nas enormes cervejarias. Hélio aprontou, dançando em cima das mesas com enormes canecas de cerveja nas mãos, querendo beijar na marra as parrudas garçonetes. A passagem pela Alemanha foi jogo rápido, com pouco tempo para conhecer alguma coisa, além de visitas a cervejarias e catedrais.

Tudo corria na boa a não ser a lambança do Maurício, que viajava no ônibus da Mônica. Ele surrupiou talheres de prata de um hotel, no meio do caminho para a Suíça, onde paramos para almoçar. O gerente sentiu falta, mas não identificou quem havia afanado a prataria. Os ônibus ficaram estacionados por hora e meia à espera do desenlace. Houve negociação, Maurício devolveu os talheres e seguimos para Lucerna, onde houve confusão ainda maior.

Em visita a uma fábrica de relógios, à beira do rio Reuss, pertinho do lago de Quatro Cantões, desapareceu um relógio do mostruário. A situação ficou tensa. Chamaram a polícia, fomos revistados e, como não acharam nada, nos liberaram, depois de muita conversa e discussão. Os guias e motoristas da Polvani, furiosos, nos deram tremendo esporro, mas nem assim o relógio apareceu.

Da Suíça, passamos dois dias em Viena debaixo de um frio de rachar. E partimos para saborear o que seria a cereja no bolo da viagem: Cortina d'Ampezzo, estação de esqui, na fronteira com a Áustria, badaladíssima e frequentada por artistas, príncipes e esportistas, e sede dos Jogos Olímpicos de Inverno de 1956. Era o lugar que todos esperavam. Mas o que era para ser filé-mignon virou carne de pescoço. Pelo menos para onze sujeitos da excursão. Como se diz na gíria do futebol, Trajano e mais dez.

Para chegar a Cortina, os cinco ônibus da excursão passaram por estradas cobertas de neve e, apesar de usar correntes nos pneus, deslizavam para lá e para cá, causando apreensão. Quando passava um carro no sentido contrário era um pereréco: um deles engatava marcha à ré e se enfiava em um canto da estrada, juntinho ao precipício, para que outro passasse. O visual do perigoso caminho, entretanto, era esplendoroso.

O hotel Cristallo, no cume do morro do mesmo nome, descortinava enormes montanhas de neve. Não à toa Cortina é conhecida como "a joia dos Alpes". O hotel, coisa de cinema, serviu de cenário para o primeiro filme *A pantera cor-de-rosa*, com Peter Sellers, Capucine, David Niven e — olha ela aí de novo — Claudia Cardinale, e também para *O expresso de Von Ryan*, com Frank Sinatra.

Com noventa apartamentos luxuosamente decorados, bares, restaurantes, salões com gigantescas lareiras, varandas com vista para paisagens de cartão-postal e serviço impecável para andar de esqui e tobogã, o hotel Cristallo, cinco estrelas, era o fecho de ouro da excursão. Depois de cinco noites, passaríamos por Veneza, Milão, Florença, Roma e, finalmente, Nápoles, para subir no *Augustus*, irmão gêmeo do *Giulio Cesare* e regressar ao Brasil.

Alguns retornariam de avião para passar o Carnaval no Brasil. Cadu entre eles. O que me deixou esperançoso. Mas, quanto mais o tempo passava, mais me afastava da Mônica. As esbórnias, os lautos jantares, os presentes que comprava e as cartas que escrevia e recebia me ocupavam e distraíam. Mônica começava a ficar em segundo plano.

Depois do café, o programa era vestir apetrechos alugados — óculos, luvas, casaco impermeável, botas —, pegar equipamentos de esqui e subir em bondinhos para morros distantes. Tentei esquiar, mas não consegui, não levava o menor jeito. Ficava então observando a multidão, acomodado à beira de imensas lareiras nos sofisticados bares que funcionavam nas montanhas.

O dia escurecia cedo e, antes do fim da tarde, estávamos de volta ao hotel, bebendo, lanchando e combinando a hora de descer para o jantar e depois seguir para o clube, a boate badalada de Cortina. Um lugar para se divertir até de madrugada, com a vantagem de não precisar sair do hotel nem vestir roupa de frio. Mamão com açúcar. Com gostinho de fel...

Sábado, 3 de fevereiro, diante de aparelhos de televisão instalados nos salões, depois do jantar, cento e vinte e cinco brasileiros improvisaram um Carnaval no hotel quando Pippo Baudo, espécie de Sílvio Santos italiano, anunciou "Canzone per te", de Sérgio Endrigo, interpretada por Roberto Carlos, vencedora do Festival de San Remo. Foi comemoração de título mundial de futebol; as pessoas se abraçavam, gritavam e achavam o máximo a vitória de Roberto Carlos. Eu não curtia o festival italiano, achava cafona, e se fosse escolher uma música, ficaria com a segunda colocada, "Casa Bianca", com a belíssima Ornella Vanoni.

Roberto Carlos, emocionado, agradeceu em português, vestido com roupa escura, preta ou azul-marinho — a televisão era em preto e branco — e lenço com bolinhas brancas amarrado ao pescoço. Por não saber a letra de cor, cantou com uma cola na mão. A letra fora modificada na véspera pelo autor, Sergio Endrigo. Os italianos cumprimentavam efusivamente os brasileiros. O Festival de San Remo para eles era como os nossos Festival da Record e o Festival Internacional da Canção, da Globo. Teve gente que chorou de emoção!

Daí em diante, as músicas de San Remo viraram fundo musical em tudo quanto era canto. De tanto ouvir, elegi minha preferida a terceira colocada, "Canzone", com o ator e cantor Adriano Celentano e a famosa Milva — não confundir com Mina, a maior e mais bela estrela da canção italiana. Roberto Carlos levou o prêmio de melhor intérprete, desbancando gente muito mais conhecida do que ele: Louis Armstrong, Dionne Warwick e Eartha Kitt.

A Itália estava em estado de choque com a morte de duzentas e trinta pessoas em um terremoto na Sicília, e o mundo andava assustado com a violenta guerra no Vietnã. Mas o Festival de San Remo era o assunto predileto naqueles dias, pelo menos entre os hóspedes do Cristallo.

Diante da lareira do hotel, bebia sem pressa um conhaque, contando as horas para tomar banho e depois jantar. Quando vieram me contar:

— *Mônica e Cadu brigaram. Coisa feia. A discussão muita gente viu. Quem sabe é agora, cara...*

Vacinado, recebi a notícia sem euforia. Continuei degustando o conhaquezinho. Eis que chega Mônica, me cumprimenta, vai até o balcão, pede suco de laranja e *panino* de queijo e presunto. Volta, se ajeita ao meu lado. Quem estava por perto logo se afastou, para observar à distância o que poderia ser o momento esperado por muita gente. Não foi... Conversamos o suficiente para saber que a briga com Cadu era passageira. E que estava achando interessante viajar em minha companhia, mesmo ela lá e eu cá.

— Você é um cara legal. Boa gente. Mas, sabe como é, as coisas não são como a gente imagina. E você, Zezinho — ela me chamava assim —, é muito romântico e sonhador. Talvez se dê mal por isso.

Mônica, pelo menos, iniciou um papo, o que não fizera em toda a viagem. Quem sabe até o final da excursão, com o Cadu dando no pé para passar o Carnaval no Brasil, a história não ganhasse capítulos diferentes.

Não gostei da maneira como colocou "romântico e sonhador". Para mim, eram elogios, motivos de ponto a favor, e não o contrário.

Cadu soube do meu encontro com Mônica e disse a não sei quem que tiraria satisfações. Fiquei uma fera e fui atrás. Havia muito tempo que queria quebrar a cara dele. Não só por namorar Mônica, mas porque o achava asqueroso. Maldita hora que não deixei o Hélio Palavrão e a turma lhe darem uma surra!

Era um pouco mais forte e mais alto do que ele. Mas corria o papo de que lutava caratê. Não quis saber. Subi as escadas e bati de porta em porta nos quartos para encontrá-lo. Hélio, Mário e Cid foram atrás, me seguraram.

— Assim você vai perder a mina, cara! Vai devagar que chega lá. O que ele quer é chamar a atenção, agora que ela está pulando fora.

Ânimos contidos.

Depois do jantar me mandei para o clube, no subterrâneo do hotel. Seria uma noite comandada por uma lindíssima DJ inglesa, fã de música brasileira. A festa mal tinha começado quando o pau quebrou. Um pouco antes do bafafá, a atriz francesa Annie Girardot e o marido, o italiano Renato Salvatori, que haviam iniciado tórrido romance durante a filmagem do maravilhoso *Rocco e seus irmãos*, do Visconti, se retiraram para jantar. E, por pouco, não entraram na dança.

O clube recebia mais de duzentas e cinquenta pessoas. A noite prometia. Fora o pessoal da excursão, turistas de outros hotéis estavam ali. A DJ se instalou numa cabine com porta aberta para o salão e chamava a atenção pela beleza, pela maneira sensual como dançava e pelo excelente gosto musical.

Maurício, folgadinho e exibido, se engraçou. Do salão,

fazia gestos para ela. A DJ respondia com acenos, mais por simpatia do que por desejar alguma coisa. Maurício não entendeu assim. Achou que tinha a faca e o queijo e partiu para o ataque. Se infiltrou na cabine, que mal dava para ela, e a agarrou, com abraços e beijinhos. A DJ se desvencilhou numa boa e Maurício foi embora. Um cara fortão, que assistia à cena, não gostou da investida na DJ e tomou as dores. Depois de rápida discussão, Maurício lascou uma bordoada no sujeito. O tempo fechou e muita gente saiu no tapa.

O italiano que apanhou e dois amigos se engalfinharam com o pessoal que saiu em defesa do Maurício. Um fuzuê. Voaram cadeiras, copos. Mulheres gritavam, garçons deixavam cair bandejas carregadas, mesas viravam. Entrei na confusão para separar. Empurrei com força um dos amigos do fortão, minha intenção era dar fim à briga. Ganhei um puxão na manga esquerda da Lacoste azul que comprara na Galeria Lafayette, em Paris. A manga esgarçou. Aí, não! Tirei a camisa para que mais nada de ruim acontecesse com meu sonho de consumo. E continuei agarrando um aqui, outro ali, sem dar nem levar um tapa.

Não durou muito, entraram os *carabinieri*, fortes, mal-encarados, nervosos. Escolheram a esmo para prender. Os sorteados foram o Maurício e o idiota sem camisa no salão — eu. O fortão e seus amigos eram *carabinieri* na cidade, e o fortão era o comandante deles. Estavam de folga e se divertiam à paisana no clube.

Foi uma lambança. Da noite no sofisticado clube até o fim da absurda história que viveríamos, foram oito noites. Passando por delegacia, presídio e tribunal de justiça.

Algemados e acorrentados aos policiais, caminhamos morro abaixo até a delegacia no centro da estação de inverno. De sapatos sem meia, calça jeans, camisa Lacoste esgarçada e neve até a canela, o trajeto de meia hora foi debaixo de frio congelante. Às vezes, um de nós caía na neve e levantava rapidamente, puxado com força e raiva pelos *carabinieri*.

Na delegacia, dividiram o grupo em duas pequenas celas, no subsolo do prédio, onde havia incessante sobe e desce de policiais. Falavam alto e pareciam extremamente irritados. O barulho dos coturnos no andar de cima assustava.

Os *carabinieri* apareceram com dois enormes pastores-alemães, abriram as celas, atiçaram as feras e ameaçaram deixar os cães lá dentro para "arrancar o cabelo do cu de vocês, seus filhos da puta".

A coisa ficou mais feia do que se imaginava. E o clima, para lá de pesado.

Durante a madrugada, prestamos depoimento. Um a um. Os guardas rosnavam em italiano e não se entendia quase nada do que diziam. Tampouco faziam questão de travar um diálogo. Queriam saber nome e nacionalidade, mas estavam interessados em descobrir quem sumira com o revólver do comandante. Eu não sabia que ele puxara a arma, muito menos que ela desaparecera. Os caras não acreditavam. E pressionavam, gritavam, ameaçavam dar porrada.

O interrogatório varou a madrugada e terminou no final da tarde, quando um advogado, contratado pela agência de turismo Polvani, passou a acompanhar o caso. E foi ele quem deu a boa e a má notícias. A boa: acharam o revólver jogado na neve perto da portaria do hotel. A má: iríamos para o presídio de Belluno para ser julgados no tribunal daquela província, à qual pertence Cortina d'Ampezzo, por desacato e agressão à autoridade, resistência à prisão, distúrbio e destruição de bens materiais.

Fomos em táxis para Belluno, com o caminho coberto de neve. Na frente ia o motorista e ao lado dele um guarda. No banco de trás, algemado a outro guarda, um de nós. A viagem levou duas horas e meia, e quando chegamos ao presídio era alta madrugada. Os carcereiros nos ficharam, recolheram cadarço dos sapatos, cintos, relógios, correntes e anéis e entregaram enxoval de presidiário, com direito a touca de lã. O uniforme não era zebrado, mas azul-claro, uma espécie de jeans vagabundo.

Fiquei por dois dias e duas noites em uma cela individual de uns três metros por um e meio, no térreo, com cama — uma prancha de madeira presa à parede por duas correntes —, vaso sanitário, pia e uma cadeira de pés finos, onde deixaram lençol, dois cobertores e toalha. Saí apenas para tomar banho gelado no final do corredor, para prestar depoimento a um promotor e para falar com o advogado, acompanhado por um funcionário do consulado brasileiro em Trieste, cidade italiana que faz fronteira com a Eslovênia. As notícias não eram boas.

Disseram que a agressão ao comandante dos *carabinieri* era grave e que ele fizera exame de corpo delito e ia usá-lo contra nós. E que a imprensa de Belluno destacava o episódio, criticando a algazarra no clube do hotel e dizendo que "era hora de dar um basta na ação de playboys que frequentavam Cortina", o que certamente influenciaria a decisão do juiz. E que o julgamento aconteceria dali a uma semana. E mais:

— Condenado a pena acima de um ano tem que cumprir a sentença no presídio. Menos do que isso, sai em liberdade condicional.

Logo na manhã, o primeiro susto. A porta externa da cela se abriu, em seguida outra, mais pesada, e entraram dois guardas, um deles segurando uma barra de ferro. Encostei na parede esperando pelo pior. Mas ufa!

Eles passaram direto por mim, foram até a grade na janela e rasparam o porrete para cima e para baixo, fazendo um baita barulho. Eu já tinha ouvido o som de longe, depois mais de perto, mas não entendia o que significava. É que três vezes ao dia os guardas batem nas grades das janelas das celas para checar se há alguma coisa estranha.

No terceiro dia, juntaram os prisioneiros brasileiros em um grupo de cinco e outro de seis (fiquei nesse) e nos transferiram para celas maiores no último andar. A prisão tinha cinco pisos, e em cada um havia celas voltadas de frente para estreitos e longos corredores, com espaço vazio no meio, parecido com quase todas as penitenciárias do mundo. Alcatraz, por exemplo. Antes do almoço, um preso de bom comportamento, ao lado de um guarda, passava pelas celas e perguntava o que queríamos no almoço e no jantar: sopa de legumes ou ensopado de carne dura com arroz empapado e água de feijão ou massa pegajosa com molho sabe-se lá de quê. Também ofereciam sal e pimenta do reino. E cigarros.

No almoço, as refeições eram servidas em bandejões dentro da cela, enquanto os alto-falantes tocavam música a todo volume. A exemplo do hotel Cristallo, Roberto Carlos com "Canzione per te" não parava de tocar. Terminada a boia, descíamos para o pátio, depois de caminhar alguns metros em enormes filas organizadas pelos guardas. Lá, tomávamos banho de sol e podíamos cortar o cabelo e fazer a barba. Pensei em fazer a barba. Ao olhar o barbeiro, presidiário mal-encarado, com navalha na mão direita caprichando no pé quadrado do cabelo de outro preso, mudei de ideia.

"E se o cara é o Chico Picadinho italiano?", pensei. "Quem sabe não decapitou a mãe e fez ensopado da namorada?"

Assim que coloquei os pés na Europa, fiquei em dúvida se fora uma boa ter ido. Na prisão, entrei em parafuso. Ou fiquei triste, sei lá. Fazia frio, me enrolava nos cobertores para esquentar, mas também para me esconder de tudo e de todos. A presença de outros cinco na cela não aliviou em nada. Pouco falava com eles. Passava o tempo todo fazendo balanço da viagem, de cada passo que dera desde a chegada em Lisboa. Não me conformava em estar deitado em um colchonete no chão gelado de uma cadeia no fim do mundo por causa de uma confusão numa boate.

E não suportava mais ouvir Roberto Carlos!

Para piorar, nenhum dos companheiros era da minha turma e da do Hélio, os pás-viradas do pedaço.

Na cadeia, veio à tona o egoísmo. Estava preocupado comigo e não queria saber de solidariedade com ninguém. Se não me entendia, como poderia ajudar? Era um perfeito egoísta.

"Maldita hora em que inventei essa merda de viagem!"

Sobrava tempo para recordar os bailes de Rio das Flores, a Ana telefonista, as histórias da Forquilha e o dia que soube que Mônica ia viajar. Lembrei-me de Cocola, que não hesitava em puxar o Colt 32 da cintura. Não aguentava um tapa, magrinho que era, mas impunha respeito. Filho do fazendeiro vizinho e o mais velho de oito irmãos, Cocola não estava nem aí, zoava a cavalo por Rio das Flores e Abarracamento atrás de confusão. Quando bebia, então...

Certa noite, diante da venda onde os colonos faziam compras às sextas-feiras, dia de pagamento, Cocola foi tomar satisfações, a troco de nada, com um roceiro que chegara de Minas. Pediu que o sujeito saísse para a rua. Geraldinho, figura querida e compadre de Cocola, surgiu na porta e pediu calma. Na semiescuridão — iluminação era de lampião a gás — ele não reconheceu Geraldinho. E atirou duas vezes. O compadre caiu morto. Cocola foi preso e condenado.

No presídio, gastava horas olhando o teto encardido da cela, onde uma aranhazinha, agitada, passeava com pressa de um lado a outro. Pelo tamanho da teia, devia estar ali havia muito tempo como companheira de quem deixou um pedaço da vida naquele espaço úmido e frio.

Quando você não consegue deixar de prestar atenção em uma porra de uma aranha que vai para lá e para cá, é que o desespero já penetrou na alma. É um aviso de que as coisas não vão bem. A cabeça estava confusa como nunca. Não parava de pensar: "Quanto tempo mais vou ficar nesta merda?".

A única cadeia que conhecia era a de Rio das Flores. Um dia fui visitar Cocola, mas ele não estava no xadrez. Por causa do bom comportamento e por ser o único preso da cidade, gozava da regalia de tomar banho de sol na praça em frente à prefeitura. Fui até a rua, acenei de longe e ele respondeu com um gesto amigo. Nunca mais soube dele.

*

Cinco dias depois, chegou a hora do julgamento. Antes de sair da cela, ajoelhados, rezamos em círculo de mãos dadas, como um time de futebol antes de entrar em campo. Até eu, que estudara em colégio de padre mas não dava bola para religião, rezei. Foi um sem parar de ave-maria para cá, pai-nosso para lá, não acabava. E um festival de promessas. Pensei em esquecer a Mônica. Não tive coragem.

Todo mundo se cagando de medo!

Em uma sala, acorrentaram os onze uns aos outros e depois nos colocaram nos fundos de um caminhão-baú estacionado no pátio. Viagem rápida. Na entrada do tribunal, pequena multidão de curiosos aguardava nossa chegada. E fotógrafos mandavam ver nos flashes. Na manchete do jornal de Belluno: *"Gli undici di Cortina"* — os onze de Cortina. Chegara a hora de prestar contas. Eu pensava no pior.

"Se for condenado e ficar preso, morro de tristeza, mas antes tento fugir ou mato alguém!"

Antes de entrar, o advogado e o diplomata nos acalmaram e passaram instruções. Mas repetiram que quem fosse condenado a mais de um ano teria de cumprir a pena. E que haveria uma intérprete, uma senhora argentina, para ajudar na tradução, apesar de não falar bem o português. Entramos na sala sem correntes e algemas. O tribunal estava repleto de curiosos.

O primeiro interrogado pelo juiz foi Carlos Augusto, dezenove anos, o mais jovem do grupo.

— *Quando è nato?* — perguntou o juiz.

Nem deu tempo de a intérprete traduzir para "quando nasceu". Carlos Augusto caiu no choro, obrigando o juiz a fazer uma pausa antes de engatar a segunda pergunta. Carlos Augusto, nervoso, confundira "*Quando è nato?*" com "*condannato*". A confusão com as palavras quebrou a sisudez do julgamento. Risos na plateia.

Fomos interrogados pelo juiz na frente da multidão. O chefe dos *carabinieri* depôs, enquanto encarava um a um de nós com olhar de quem desejava fuzilar a todos. Outro policial deu a sua versão para a briga. E, depois de quatro horas de depoimentos e interrogatórios — a argentina mais atrapalhando do que ajudando —, o juiz fez uma pausa para lanche. Fomos para a sala anexa, quando surgiu o comendador Polvani, velhinho italiano dono da agência que organizava a excursão. Impecavelmente vestido, de pince-nez e colete, cabelos brancos, a cara do Ruy Barbosa. Educado, de fala serena, nos encorajou e garantiu que tudo acabaria bem. E prometeu que, na saída, comemoraríamos no melhor restaurante de Belluno.

As perguntas do juiz foram praticamente iguais para os onze. Menos para mim e para o Maurício. Eu por estar sem camisa. O advogado argumentou — fiquei com vergonha — que tirar a camisa era um gesto corriqueiro no Brasil. Como a DJ tocava músicas brasileiras, disse ele, eu tirei a camisa com a intenção de me divertir. Quanto ao Maurício, o juiz queria detalhes da porrada. O advogado justificou que o jovem foi afastar o policial com empurrão e, sem querer, a mão direita dele o atingiu. Quanto à arma encontrada na neve, ninguém explicou como foi parar lá. Soubemos mais tarde que uma jovem da excursão encontrou o revólver no chão da boate, na hora do bafafá, e o jogou pela janela.

Já era noite, estávamos desde a manhã no tribunal, quando o juiz, baixinho, sisudo, com ar de cansaço e cara de profundo saco cheio, leu as sentenças: quatro absolvidos, entre eles o chorão Carlos Augusto; cinco condenados a três meses. E eu e Maurício condenados a seis meses, com direito a liberdade condicional. Recebi também multa de trinta dólares por embriaguez.

Voltamos ao presídio e pegamos as roupas e os pertences. Na saída, debaixo de neve, encontramos os funcionários da Polvani, o velhinho comendador, o advogado e o diplomata. E partimos imediatamente para o hotel. Queríamos ligar para a família no Brasil, mas, pela quantidade de pedidos, só conseguimos falar depois do jantar. Recebi a maior bronca do meu pai pela confusão.

— Sua mãe quase teve um troço quando soube da prisão.

Liguei também para a redação do *JB*. Os colegas me tranquilizaram e garantiram que o emprego estava seguro. A confusão recebeu cobertura extensa nos jornais brasileiros, inclusive no *Jornal do Brasil*, que publicava as notícias com meu nome como José Reis, sem o Trajano e sem o Quinhões.

Banho tomado, fomos rapidamente para o restaurante, porque em Belluno fecha tudo cedo. No inverno, as ruas ficam com neve de meio metro e pouca gente sai de casa. Um banquete nos aguardava. Podia escolher o que quisesse que o comendador bancava. Derrubado, chateado, pouco comi e bebi. Mas levei uma garrafa de vinho para o hotel. E, deitado na banheira de água quente, à Vinicius de Moraes, passei horas tomando vinho e pensando na vida. E imaginando o que Mônica achara de aquilo tudo.

*

A excursão seguiu o roteiro enquanto estávamos presos. Passou por Veneza e Milão e acabara de pôr os pés em Florença. Depois seguiria para Roma e, finalmente, Nápoles, de onde sairia o *Augustus* de volta para o Brasil.

No dia seguinte ao julgamento, em Belluno, nós, os "Onze de Cortina", fomos enfiados em um trem para ir encontrar o pessoal na Toscana. A viagem durou o dia inteiro e chegamos a Florença no início da noite, onde fomos recebidos com grande festa. Quase todos foram à estação. Poucos ficaram no hotel, como Mônica. Ela e Cadu, que estavam juntos de novo. Houve choradeira, Hélio Palavrão fez saudação aos "heróis brasileiros" trepado em um banco da estação. No saguão do hotel, cruzei com Mônica, nos abraçamos e ela perguntou como me sentia. Tudo protocolar. Respondi rapidamente e subi para o quarto com a minha velha turma. Abri as malas, que ficaram com os amigos todo esse tempo, tomei banho e saímos para jantar.

A cabeça estava para lá de Bagdá. Era um coquetel de sentimentos: ora com raiva, ora ainda mais apaixonado pela Mônica. Os amigos percebiam. Hélio dava força, estimulava e compreendia. Nas noites em Florença jantava como um deus — o que um belo crostini de fígado de galinha, uma farta bisteca fiorentina e um generoso Brunello não são capazes! E voltava para o hotel feliz da vida. Disfarçando, como sempre.

Anos depois, em 1984, morei em Grassina, lugarejo da comuna de Florença, na casa do dr. Sócrates, que jogava na Fiorentina. Sócrates se sentia sozinho apesar de viver com mulher, quatro filhos e duas empregadas. De tanto visitá-lo — eu vivia com minha namorada Laura em uma pensão —, Sócrates nos convidou para ir morar com eles, não só porque havia quartos de sobra, mas porque ganharia companhia para papear até altas horas, ouvir música, beber muita cerveja e vinho e se esbaldar com comidas finíssimas feitas pelo Giácomo, amigo e grande mestre-cuca.

Morei lá por nove meses e ficamos amigos pelo resto da vida, até a morte precoce dele em 2011, aos cinquenta e sete anos. Fomos companheiros, confidentes, parceiros e um se escorava no outro quando baixava a saudade e a solidão.

Assistia a quase todos os seus jogos — ele jogando mal, sem empolgar a torcida. Cheguei a sair no tapa com um torcedor que o xingava durante uma partida no estádio Comunale de Florença. Sócrates vivia cabisbaixo, saudoso, arrependido da transferência. E sofria boicote por parte de um grupo do baixinho meia Pecci, puxa-saco dos Pontelli, família dona do clube. Sócrates não suportava a situação. Pecci pouco passava a bola para ele ou para o lado do campo em que estivesse. Quando chegou ao clube, imaginava implantar na Fiorentina algo semelhante à Democracia Corintiana, que acabara de vivenciar. Não conseguiu. Era impossível convencer os italianos. Eles eram campeões do mundo e tinham o rei na barriga.

Em Florença, Sócrates e eu nos divertimos muito. Participávamos de reuniões do diretório local do Partido Comunista Italiano, interessado no pensamento do jogador politizado, e de maravilhosas festas na sua casa, uma vila no morro mais elevado de Grassina, onde se avistava a estrada do vinho Chianti Classico, caminho para os tradicionais vinhedos da Toscana.

No Carnaval de 1984, Sócrates comandou a folia durante três noites sem parar. Convocou jogadores brasileiros que atuavam na bota, Zico, Júnior, Cerezo, Pedrinho e Edinho, que foram pra lá com as famílias, e tratou dos mínimos detalhes: hotel para os convidados, o mesmo onde se concentrava a Fiorentina, fitas gravadas com músicas de Carnaval, salas da casa decoradas com serpentinas, enormes laços de fitas e bexigas coloridas. E, como não havia lança-perfume, providenciou tubos de laquê, com um cabeleireiro amigo. Além dos brasileiros, foram Oriali, Massaro, Galli, Antognoni, Gentile, italianos campeões do mundo, e o argentino Daniel Passarella, que jogava na Fiorentina. Falcão, rei de Roma, estava operando o joelho nos Estados Unidos.

Na entrada da festa, os italianos, elegantíssimos nos seus ternos de grife, eram recebidos pelo anfitrião, que vinha munido de uma tesoura. Crac! Sócrates, avisado da chegada de cada um, a pegava e partia para o ataque. E lá se ia a caríssima gravata de seda. O craque Antognoni quase chorou, implorou, disse que a gravata era presente da mãe, mas não houve jeito, o ídolo italiano ficou só com o cotoco da gravata.

Além disso, Sócrates enchia o lenço de laquê e enfiava no nariz dos convidados ilustres. Como cada tubo de laquê era de uma cor diferente, a festa de Carnaval foi um festival de narizes coloridos espalhados pela casa.

Sócrates Brasileiro Sampaio de Souza Vieira de Oliveira, uma das pessoas mais generosas que conheci. E um dos maiores jogadores que vi em ação. Com Sócrates, e mais tarde com outro craque, o Tostão, e um pouco depois com o Wlamir Marques, o mais incrível jogador de basquete brasileiro de todos os tempos, realizei a proeza de virar amigo de três de meus ídolos.

Quando narrava as histórias da Mônica para Sócrates e a mulher Regina, eles se divertiam a valer. E me faziam repetir várias vezes para os amigos italianos.

Quando a excursão passou por Florença, conhecimentos futebolísticos ajudavam a me enturmar, apesar do tosco italiano que balbuciava. Lembrar Julinho Botelho, ponta-direita campeão pela Fiorentina em 1955-6, dava descontos em lojas e restaurantes. O jogador virou lenda na Toscana. Contava que assistira no Maracanã, em 1959, à entortada que o Julinho deu nos ingleses, quando jogou debaixo de vaias no lugar de Garrincha, fazendo um gol e dando outro mamão com açúcar para Henrique, centroavante do Flamengo.

Da terra de Dante, Michelangelo e Da Vinci, seguimos para Roma, hospedando-nos em hotel chiquérrimo na Via Veneto, o Westin Excelsior. O endereço lembrou o engraçadíssimo filme *Totó, Peppino e... la dolce vita*, em que o genial comediante, ao lado de Peppino de Filippo, se mete em apuros na badalada rua. Na capital italiana, com a viagem chegando ao fim, botei pra quebrar Roma afora. Havia os passeios para turistas — Vaticano, Coliseu, Fontana di Trevi, Fórum Romano, Pantheon, Piazza del Popolo... —, mas adotei o bairro do Trastevere, reduto boêmio da cidade. Saí de lá por uma noite para experimentar o famoso macarrão do Vero Alfredo. No Trastevere, nos esbaldávamos. Havia tempo para jantar, paquerar, e dançar em *night clubs* até de manhã.

Foi ali que coloquei a tática do desprezo para corner e marquei um tento e tanto. Por pouco tempo, é verdade, mas deixei a turma embasbacada. Tirei para dançar a linda e famosa ninfeta Romina Power, atriz e cantora americana, que vivia em Roma, filha dos galãs Tyrone e Linda Christian. Ao som de Ray Charles cantando "Yesterday", dançamos abraçadinhos na pista, onde se chegava por uma escada junto às mesas. Acabada a música, ela se despediu sorrindo, foi para a mesa onde estavam alguns amigos. Voltei para o meu canto aclamado pela turma.

Romina, dezesseis anos, fazia filmes bobinhos e sacanas, posando de virgenzinha ingênua, deixando a moçada enlouquecida. Não trocamos uma só palavra, porque, nervoso, não consegui formar uma frase. Mas, para quem era adepto do desprezo, fui até longe demais.

No último dia em Roma, integrantes da excursão, como Cadu, regressaram para o Brasil, para não perder o Carnaval. O namoro com Mônica seguia de vento em popa, mas ele comprou a passagem de volta com antecedência. E foi embora. Eu, deslumbrado, com Fellini na cabeça pelos sucessos de *A doce vida* e *Oito e meio*, nem me dei conta de que Mônica ficaria sozinha o restante da viagem. Como Belmondo em Paris, ali eu era Mastroianni.

Em Nápoles, escala final da excursão, o nervosismo tomou conta. A preocupação de todos era fazer as malas e comprar os últimos presentes. Mal houve tempo para saborear as pizzas napolitanas. Hélio, Sílvio, Mário César e eu fincamos bandeira numa cantina junto ao porto e não arredamos pé dali durante três noites. A especialidade da casa: frutos do mar. E não servia pizza. Inesquecível o espaguete ao vôngole de lá. Bebíamos cerveja, vinho e grapa a valer. E voltávamos de pé redondo para o hotel.

Depois das animadas conversas na cantina do Antero, cheguei à conclusão de que a viagem valera a pena, apesar das confusões, da prisão em Belluno e da frustração por quebrar a cara com a Mônica. A turma, amiga e companheira, levantou o astral sempre que a peteca caía.

— Esse negócio de mulher — dizia o Hélio — é fogo, mas amanhã aparece outra. Ou vai dizer que a Mônica é a única mulher no mundo?

Quase cantei para ele o "Pois é", do Ataulfo Alves: "mulher a gente encontra em toda parte, mas não se encontra a mulher que a gente tem no coração".

Mas deixei para lá.

Embalado com a saideira em Nápoles, subi a bordo do *Augustus* pisando firme e me sentindo derrotado apenas por pontos no confronto com Mônica. Perdera o combate, mas ganhara novos e bons amigos e conhecera enfim a Europa. Ninguém podia me acusar de não ter tentado de todas as maneiras conquistar a moça.

A situação política no Brasil me angustiava. Não via a hora de voltar para casa. Seriam intensos onze dias no oceano, dois a mais que na ida. Pareceram uma eternidade!

Viajar em um transatlântico deixara de ser novidade. Eu não aguentava mais as festas e os bailes embalados nos salões por insuportáveis músicas italianas. Queria distância dos passageiros, gente perfumada demais, nariz em pé, empertigada, que exibia sem modéstia as compras que fizera na Europa. Eu só livrava a cara da nossa turma e de mais meia dúzia. A maioria das moças, riquinhas que gastaram fortunas na viagem, não se misturava. Queriam distância da gente, uns escrotos, segundo elas. Fora isso, a grana, curta, me obrigava a economizar nos bares a bordo.

A viagem de volta foi um sem parar de trocas de número de telefone entre os integrantes da excursão. Muitos deles tiravam fotos e mais fotos com máquinas novinhas em folha. Havia insistentes pedidos para escrever mensagens melosas em cadernos e em camisetas. E houve também amassos em profusão.

Durante a excursão, Cadu e Mônica transavam sem cerimônia — assim deixavam transparecer. Durante várias noites ficavam trancados no hotel, não saindo do quarto nem para jantar. Outra que passou a viagem agarrada a um sujeito que conheceu no *Giulio Cesare* foi Solange, amiga da Mônica e anfitriã da festa em Ipanema. E as duas eram companheiras de quarto. Algumas moças dormiram e transaram com os namorados, mas, segundo as fofocas nos corredores, a maioria ficou no segura aqui e passa a mão ali debaixo dos cobertores.

A volta de navio foi tão melancólica e baixo-astral que Hélio Palavrão, o agitador, o que inventava brincadeiras, o que sacaneava meio mundo, passou quase o tempo todo de crista baixa, extenuado pela maratona de mês e meio praticamente sem dormir de tanto forrobodó.

Não fiquei, durante a volta, abanando o rabo para Mônica e não escondia o ressentimento quando passava por ela. Porque entre mim e o babaquara do Cadu, modéstia à parte, era muito mais eu. Mas não adiantava chorar o leite derramado.

Os dias a bordo do *Augustus*, à exceção do primeiro e do último, levavam jeito de Quarta-Feira de Cinzas. Às vezes, alguém se animava, arrastava um grupo para um dos salões, mas pouca gente se divertia. O gás tinha acabado.

Durante as noites, passeava sozinho pelo convés, o que raramente fizera no *Giulio Cesare*. E ficava olhando o mar durante um bom tempo. Conversava com as ondas, assustadoramente altas e apavorantes. Quando me debruçava na mureta, tinha a sensação do último e derradeiro gesto, porque dali a pouco, com certeza, cairia de uma altura de um prédio de quinze andares. Seria uma morte noturna, solitária. E pouca gente notaria um cara se afogando nas ondas enormes de caudas brancas. Assustado, jogava rapidamente o corpo para trás. Respirava forte, sentava numa poltrona e deixava a noite amanhecer sem pressa. O medo ia embora com o alvorecer.

Algumas noites dormi no convés, enrolado nos cobertores que levava do quarto. O mar azul, o céu aberto e o sol escancarado traziam ânimo novo. Seguia, então, para dormir mais um pouco no camarote. "Escapei de boa ontem", pensava. E regressava na noite seguinte. Estava curtindo o pega-esconde com a morte.

A chegada na praça Mauá não foi tão festiva como na ida. Quando o *Augustus* costeava Leblon, Ipanema e Copacabana, alguns jovens da excursão foram às lágrimas. Passageiros se abraçavam no convés. Gritavam, acenavam, pulavam. Eu e o meu pessoal de um lado, Mônica e as amigas de outro. E eu de olho nela. Ela veio, me abraçou, e disse algo como "Valeu a pena, né? A gente se vê por aí".

Era precisamente 1º de março de 1968, dois meses depois de eu achar que o pior havia passado. Viajei com ela, e daí? Deu em nada.

Ao contrário do que sugere, a paixão não acabou com o final da viagem. Arrefeceu, é verdade. Seguiu em frente, meio devagar. As loucuras de 1968 colocaram Mônica meio de lado. Muita coisa estava de ponta-cabeça: em maio, jovens em Paris saíram às ruas protestando e influenciando revoltas mundo afora. Os Estados Unidos levavam uma coça no Vietnã, com a morte de milhares de soldados, e astronautas davam voltas em torno da Lua. No Brasil, Edson Luís, estudante de dezoito anos, era assassinado pela PM, e seu caixão era seguido da Cinelândia até o cemitério São João Batista por mais de cinquenta mil pessoas. Eu me enfiava de cabeça nas manifestações, assembleias no sindicato dos jornalistas e em faculdades, em reuniões em casas de um ou de outro companheiro. Veio a Passeata dos Cem Mil, seguida de prisões, sequestros e, finalmente, o famigerado AI-5, no fim do ano. E eu no meio do agito, com medo danado de ser preso.

Apesar da confusão no país, da turbulência política, tomara gosto pela profissão. Adorava viver o ambiente agitado, companheiro e enfumaçado da redação do *Jornal do Brasil*, na avenida Rio Branco, centro da cidade, e sair à noite com a turma de jornalistas mais velhos para discutir política e futebol entre rodadas intermináveis de chope nas mesas do velho Lamas, no largo do Machado. Sem alardes, porque falar alto era preocupação constante, um possível dedo-duro poderia estar sentado na mesa ao lado.

Não viajava mais para Rio das Flores. Passava os Carnavais no Rio ou em casas de veraneio em Petrópolis e Correias. Mônica virara uma boa história na ponta da língua para contar. Tive uma namoradinha aqui, outra ali. Eu me lembrava de Mônica, mas não tinha notícias. Não ia mais atrás dela.

Cobri a Copa de 1970 no México. Troquei o *JB* pelo *Correio da Manhã*. Passei por *Jornal dos Sports* (Nelson Rodrigues trabalhava lá), *Última Hora*, *Diário de Notícias*, *O Globo* e *Placar*. Mudei-me para Londrina, norte do Paraná, para fundar o diário *Panorama*, com uma turma da pesada: Narciso Kalili, Hamilton Almeida Filho, o escritor João Antônio, Ruy Fernando Barbosa, Ricardo Gontijo e Myltainho, (que trabalharam na revista *Realidade*), e fui para São Paulo alguns meses depois, quando pedimos demissão.

Casei na capital paulista com a jornalista Renée Castelo Branco, tive dois filhos — João e Marina — e trocava de emprego a toda hora. Fui da *Folha*, onde pedi demissão em solidariedade a Cláudio Abramo, afastado da chefia por pressão do regime militar; revista *Isto É*, levado pelas mãos de Mino Carta, *Veja*, *Jornal da Tarde*, TV Bandeirantes, a convite de Walter Clark; *Aqui São Paulo*, semanário dirigido por Samuel Wainer, TV Globo, e imprensa nanica — *EX* e *Mais Um*. E participei de um sem-número de projetos e edição de jornais, revistas e livros com o mestre e amigo Sérgio de Souza, o melhor jornalista que conheci.

Até que, numa viagem ao Rio de Janeiro para fazer reportagem para a revista mensal *Repórter 3*, em companhia de Octávio Ribeiro, o Pena Branca, grande repórter policial, tive notícias da Mônica.

A matéria era sobre Lúcio Flávio, bandido famoso, que tinha fama de bonitão e inteligente e cuja história ganhara as telas com *O passageiro da agonia*, direção de Héctor Babenco, baseado no livro de José Louzeiro. Octávio chamou um repórter da *Última Hora*, que conviveu com Lúcio Flávio, e marcou encontro no Leme Palace Hotel, onde estávamos hospedados. O repórter foi para uma sala anexa com o Pena Branca e eu fiquei no quarto na companhia de um jovem fotógrafo que acompanhava o colega de UH.

— Você não se lembra de mim? — perguntou o fotógrafo. — Sou o Luiz, filho do Max que trabalhou com você no *Jornal dos Sports*, na *Tribuna* e na *Última Hora*.

Reconheci o Luiz, que se iniciava na profissão. Lembrei-me dele porque, ainda menino, passava pelas redações para pegar uns trocados com o pai e ficava conversando com a gente.

— Sabe que eu casei com uma amiga sua? A Mônica...

Na hora, a ficha não caiu. E não liguei Luiz à minha Mônica, vamos dizer assim. Ele deu detalhes:

— A Mônica que viajou com você para a Europa.

Emudeci, fiz cara de idiota e, quando voltei a mim, dei parabéns e votos de sorte aos dois. Luiz contou que a conhecera em Friburgo.

Fazia dez anos da viagem que fizera atrás dela e o filme da aventura voltou com tudo. Nos dias seguintes em que fomos atrás das histórias sobre Lúcio Flávio, com idas e vindas ao Presídio da Ilha Grande, encontros com mãe, ex-namoradas, familiares e ex-integrantes do bando, fui péssimo companheiro para o Pena Branca. Só pensava na Mônica. O velho companheiro compreendeu o que se passava. E fez a reportagem praticamente sozinho.

Outra vez, quando trabalhava com Tarso de Castro, na *Tribuna da Imprensa*, que foi chamado pelo desafeto Hélio Fernandes para reformar o diário, dei de cara com ela. Mônica foi à antiga redação, num casario antigo na rua do Lavradio, encontrar o sogro, o velho Max, repórter de esportes. Max perguntou se eu a conhecia. Disse que sim, expliquei rapidamente de onde e beijei seu rosto. E continuei meu trabalho. Foi a última vez que nos falamos. Mas o encontro não me balançou como de outras vezes.

E eu ainda a vi, quando por pouco não morro afogado em Copacabana. Estava na praia do Leme, em companhia do Fernando (sempre ele), quando Mônica passou rente ao mar em direção ao posto 1. Sabia que voltaria, pois ela morava do outro lado, no posto 4. Dei bobeira e, quando olhei, Mônica caminhava na direção de Copacabana. Sem querer ir atrás, para não dar pistas, cortei caminho entre as barracas para ultrapassá-la, sem que me visse no seu encalço. Queria encontrá-la de frente. Ao andar rápido, esparramava areia em quem estava debaixo das barracas. Me olhavam com cara feia e reclamavam. Resolvi, então, mudar a tática. Corri para o mar para nadar paralelo e sair da água no momento em que passasse.

"Oi, você por aqui? Que coincidência!"

Só não sabia que o mar não estava pra peixe e muito menos pra gente. A bandeira vermelha indicava: cuidado com a correnteza. Quanto mais nadava, mais me afastava da praia. Me apavorei e senti que a vaca ia pro brejo. Gritei por socorro. Imediatamente surgiram dois troncudos salva-vidas que deram ordem para que eu boiasse. E me rebocaram de volta para a praia. Zonzo, sentado na areia, dei nome, endereço, assinei o livro de ocorrências dos salva-vidas e voltei para o Leme com o rabo molhado entre as pernas.

Mônica?

Perdi de vista, melancolicamente.

Me separei de Renée, cisquei aqui e ali e casei com a jornalista Célia Chaim, que meu deu o filho Pedro e o enteado Bruno. Separei de novo, ganhei netas inglesas, Leila e Cássia, filhas do João. Vivi em Londres, em Camden Town e Highbury, perto do antigo estádio do Arsenal; Rio das Ostras — quando era unha e carne com Elba de Pádua Lima, o Tim, craque da Copa de 1938 e o maior técnico de futebol que conheci, além de ótimo cozinheiro de peixadas e dobradinhas — e Salvador. Voltei ao Rio como braço direito de Darcy Ribeiro nas eleições de 1986, quando ele foi candidato a governador. Ao lado do professor ouvi histórias enriquecedoras sobre o golpe militar de 64, quando era chefe da Casa Civil de João Goulart, os tempos de exílio no Uruguai, Chile e Peru, a sua admiração por Brizola, Anísio Teixeira, Rondon e Oscar Niemeyer. E como surgiram as ideias dos Cieps, do Sambódromo e da Universidade de Brasília. Além de seu intenso amor pelos índios. Darcy me inoculou o vírus da indignação.

Vivo há quase trinta anos em São Paulo, ancorado na Vila Madalena, bairro boêmio, espécie de Santa Teresa com o Leblon sem praia. Ganhei até o título de cidadão paulistano da Câmara de Vereadores. Virei figurinha fácil na televisão, por participar da mesa-redonda Cartão Verde na TV Cultura, fundar a ESPN Brasil e trabalhar em diversos programas e coberturas internacionais, como Copas do Mundo e Olimpíadas.

Soube que Mônica teve três filhos em escadinha com o Luiz e que se separaram sete anos depois do casamento. Uma relação complicada, que os levou, inclusive, a morar em Nova Iguaçu. Permanecem amigos, assim como eu com Renée e Célia. Luiz virou fotógrafo premiado.

Quando decidi escrever as memórias, vasculhei sobre Mônica no Google. E dei de cara com uma apresentação feita por ela mesma:

"Não preciso contar quem sou para quem me conhece. Será que a minha foto não é o bastante?"

Motivos de orgulho:

"Nenhum. Orgulho é uma merda, como inveja, preguiça e outros pecados capitais que só enchem o saco do próximo."

No perfil do Facebook aberto ao público havia uma

foto dela junto a uma plantação de tomates e uma foto menor, onde se esconde atrás de charmosos óculos escuros. Me surpreendeu ver Mônica de cabelos grisalhos, com o rosto parecido com quando pisou com ar desafiador no salão do 17 de Março.

Fui saber mais. No blog, datado de 2005, assina poesias e textos como Beija-Flor, e se apresenta:

"Posso dizer que não sou um punhado de interesses, nem filmes favoritos ou livros, nem músicas, estas embalam, dizem coisas aos nossos ouvidos, tocam nossos corações em alguma época ou para sempre. Mas dizer quem eu sou vai mais além. Meu perfil é momento. Quem sou só aos poucos."

Invocada a moça, hein!

E esbarrei com poesias em hinários do santo-daime. Uma em homenagem a "Mãe Anamaya", quando Mônica se apropria de versos de Caymmi em "Prece ao vento" e pergunta: "Vento diga, por favor, aonde se escondeu o meu amor", ao lado de textos do guerrilheiro da luta armada contra a ditadura e um dos precursores do daime em Visconde de Mauá, Alex Polari, e do falecido ator Carlos Augusto Strazzer. Quem sabe trocou Copacabana pela charmosa serra de Teresópolis, numa casa com agradáveis e belos jardins, para ficar perto da natureza e em paz com suas rezas e cânticos, longe da barulheira infernal que se tornou Copacabana, lugar que amou nos tempos de solteira.

A história poderia acabar aqui, não sem antes dizer que Forquilha e São Policarpo foram vendidas na mesma época, final dos anos 1980. A Forquilha virou fazenda de gado leiteiro, enquanto São Policarpo virou pousada. Tanto Mônica como eu ficamos sem ter onde fincar os pés em Rio das Flores. No Facebook, perguntada pela amiga Aninha se as sementes dos tomates da foto vieram da São Policarpo, Mônica, acabrunhada, melancólica, desabafa:

"Ah! São Policarpo... tive que desapegar na marra. Agora ficou na poeira. Só mesmo o tempo nos mostra. Vamo em frente que atrás vem gente."

Para colocar ponto final na história, diria que ainda bem que não houve nada entre nós. Éramos jovens. E talvez nem nos lembrássemos um do outro. Cada um iria para o seu lado, como sempre aconteceu.

E já imaginou se tivesse dado certo: eu, depois de velho, tomando chazinho de ayahuasca no meio do mato?

Minha filha, Marina, que vive em Londres, sugeriu, assim como alguns amigos, que mandasse o texto para Mônica ler, antes de virar livro. E incluísse as observações feitas por ela, se topasse.

Mandei!

Tomei coragem e liguei. O número do telefone consegui com um amigo enxerido. Atendeu a filha, Ana Luísa:

— Aí é da casa da Mônica?

— É, sim. Quem quer falar?

— Aqui é o Zezinho, o Trajano, amigo dela de longa data...

— Trajano? Não acredito! Mamãe fala muito de você. Que bom ter ligado...

A recepção eufórica me entusiasmou. E a conversa com Ana Luísa, trinta e um anos, filha mais nova da Mônica, mãe de dois filhos, se estendeu por quase meia hora. Contou que Mônica estava no Acre (me lembrei do santo-

-daime) e chegaria na semana seguinte. E que ela tinha certeza de que a mãe adoraria saber que telefonei. Empolgada, me convidou para ir a Teresópolis, onde mora com a mãe e a irmã, Layla.

— Temos uma casa superagradável.

Falei do livro, contei muitos casos de Rio das Flores e disse que enviaria o texto para que lesse antes da mãe. Enviei com a mensagem:

> Ana, incrível! Trinta e cinco anos para dar um telefonema e encontro você do outro lado da linha. Uma simpatia de fazer inveja... Durante a conversa, cheguei às lágrimas. Pode ser coisa de saudosista, e é. Mas a vida é assim, feita de encontros, desencontros, chegadas, partidas etc. Que bom que foi você quem atendeu. Adorei. Para verificar que, na verdade, sua mãe era de fechar o comércio, o trânsito, o diabo a quatro, leia como eu a descrevo. São memórias, com um pouquinho de exagero. Depois a gente se escreve para saber como vamos fazer para comunicar a sua mãe sobre o livro. Você não pode imaginar como nossa conversa mexeu comigo. Beijos, Trajano.

No dia seguinte, Ana respondeu:

> Incrível mesmooo!!!
> Muita emoção. Conheço tanto vc através das histórias que minha mãe e avó contavam, que quando vc se identificou, me senti falando com um personagem muito importante na vida da minha mãe... DEMAIS!
> Comecei a ler ontem mesmo... e já estou amando... estou lendo devagar. Qd acabar de ler mando outra mensagem. Grande Beijo, Ana Luísa!!

Fazia doze dias que recebera o e-mail da Ana Luísa e mais nada. Estava preocupado. Mônica, com certeza, voltara de viagem, devia saber de tudo. O silêncio me intrigava. Estava na dúvida: esperava um pouco mais, telefonava ou mandava e-mail perguntando se tinha havido algum problema?

Não precisou. No mesmo 15 de julho, às quinze para as quatro da tarde, Mônica ligou. Eu tirava uma soneca, após o almoço, privilégio de quem tem tempo de sobra, quando atendi uma voz rouca e distante, mas firme:

— Zezinho? Trajano? É a Mônica.

Pulei da cama. Fui até a sala onde o celular funciona melhor, me sentei no sofá para não cair para trás e iniciei a conversa. É claro que estava emocionado. Fazia trinta e tantos anos que não ouvia aquela voz. Não é fácil. Até cair a ficha, demorou. Respondia a tudo balbuciando, arrastando a conversa.

Aos poucos, acendi. E conversamos o suficiente para saber que ela mora faz três anos na serra de Teresópolis, não vai a Rio das Flores há mais de dez e acha, apesar de animada, uma responsabilidade escrever alguma coisa sobre o livro. Com a conversa indo adiante, falamos superficialmente sobre nossas vidas, recordamos do 17 de Março, da Forquilha, de São Policarpo, dos amigos e da viagem de navio.

Disse que pesquisara sobre ela na internet. Ficou curiosa e não se chateou com a bisbilhotice.

— No final da história, acho que — eu disse — vou dar um pau em você. Passei muito tempo só apanhando. Talvez desconte.

Mônica ficou interessada. Pediu que mandasse imediatamente por e-mail. E disse que viria a São Paulo em breve para visitar o irmão Guilherme, que mora aqui.

Hum!

Enviei o texto o mais rápido que pude.

No dia seguinte, ela enviou sua primeira mensagem:

Zezinho, na verdade estou mais acostumada a te chamar, ou a me referir a você, como Trajano. Muito bom te reencontrar. Comecei a ler. Escrita ágil. Gostei. As descrições estão boas, principalmente para quem viveu aquele tempo naquele lugar mágico. Vou imprimir porque me cansa ler na tela. Vou mandando notícias. Abração.

Uma semana depois, Mônica telefona. Animada, a fim de conversar. Falamos por mais de meia hora sobre o que nunca havíamos tratado. Contou sobre o casamento e a separação — única vez que pediu discrição. E explicou, e não entendi direito, por que nunca mais se casou. Mas fez questão de afirmar que terei a chance de conhecer a melhor Mônica de todos os tempos.

— Eu era muito assediada, paparicada e cabeça avoada. Hoje, com sessenta e dois anos, quatro netos, aposentada, morando em uma casa com jardim, na serra, como sempre sonhei, estou na minha melhor fase. Estou mais em paz comigo.

Chegou a cantarolar o trecho de "A volta", de Roberto e Erasmo, que diz "estou guardando o que há de bom em mim". Não disse que era para me dar, como segue a letra da canção, mas não disse que não.

Não se lembrava do Fernando, "era um bonitinho, loirinho?", e jura que, em 1974, no clube Coroados, em Valença, numa festa fora do Carnaval, eu disse que a havia esquecido. Que era caso superado. E que ela, que terminara recentemente com Cadu, ficara perplexa. Quem sabe tivesse nascido ali alguma coisa!

E confirmou a viagem para São Paulo, "logo depois que o Papa for embora, porque está muita confusão para viajar. Vamos comemorar, fazer festa. Um dia, quem sabe, reunir os netos...".

O encontro está praticamente marcado. Só falta ela telefonar dizendo quando chega. Se fosse cobrar ingresso para quem quisesse assistir ao *grand finale* de camarote, ganharia boa grana, porque é gente pra chuchu. Passei anos e anos contando e recontando essa história apaixonada para multidão de amigos. Virou até livro, não é mesmo? Alguns têm a expectativa de que algo de bom vá acontecer. Uma espécie de fecho de ouro. Um *happy end*.

Sem essa. Será um mero encontro de sessentões depois de muito tempo.

De qualquer maneira, torçam por mim.

Enquanto não chega o momento, sonho acordado, mas com um pé atrás. Desconfiando de tudo um pouco.

"Afinal, estou preocupado com o desfecho do livro ou com a história com Mônica? Será que as duas coisas viraram uma só e não sei mais o que é uma e o que é outra?"

"Como o cara deve se comportar diante da maior paixão, três décadas depois, tempo em que nunca mais se falaram e não tiveram notícias um do outro?"

"O tempo é agora, mas para seguir em frente, navegar pelo futuro, não sei por quanto tempo, é legal esmiuçar o passado que não foi como deveria?"

Incentivado pelo filho Bruno e a mulher dele, Dani, assisti a *Antes da meia-noite*, o último filme da trilogia do americano Richard Linklater. E, dias depois, em casa, enrolado em cobertores e curando forte gripe, vi os outros dois: *Antes do amanhecer* e *Antes do pôr do sol*. A cabeça ficou mais embaralhada ainda.

Telefonei para vários amigos, chamei alguns para conversar, pedi dispensa do trabalho, convidei Bruno e Dani para jantar. Queria falar, falar, falar... O segundo filme, *Antes do pôr do sol*, mostra uma situação parecida com a minha. Como Jesse, o escritor personagem do filme, não há dúvida de que escrevo o livro para impressionar Mônica.

Mandei e-mail para Ana Luísa, com quem não falava fazia tempo, e narrei o desenrolar dos acontecimentos.

> Olá, quanto tempo. O livro segue em frente, com mais páginas e muitas mudanças, porque, de lá para cá, aconteceram coisas importantes... Escrevo para agradecer outra vez. Porque se não tivesse me recebido daquele jeito, poderia ter desanimado. Já imaginou: Traja o quê? Vou deixar recado, mas qual o seu nome mesmo?
> Tenho conversado muito com Mônica e a espero para o encontro tão aguardado, após décadas de silêncio... Brinquei, e até coloquei no livro, que se cobrar ingresso... Espero te conhecer um dia. Beijos gelados porque está um frio do cão.

Faz mais de um mês. Nem Ana Luísa, nem Mônica.

Não vou esperar mais.

Vi fumaça onde não havia fogo, para variar. Macaco velho, não devia ter me empolgado.

Na verdade, foi mais um grande fora para as nossas cores. O unzinho que faltava para fechar a lista. Exatamente esse, agora, tantos anos depois.

Passo a régua. Desisto.

Rob, personagem do livro *Alta fidelidade,* do inglês Nick Hornby, deixa de sacanagem Laura, a maior paixão, ausente dos términos de namoro mais memoráveis de todos os tempos — "Acho que, raspando, até entrava nos dez mais, mas nos cinco mais não tem lugar pra você". Ao contrário de Rob, que lista cinco moças diferentes, coloco Mônica de cabo a rabo, de fio a pavio na lista dos maiores foras que levei.

1) Nos bailes de Carnaval no 17 de Março
2) Na festa de despedida em Ipanema
3) A bordo do *Giulio Cesare*
4) Durante a excursão pela Europa
5) Nunca mais ela ter ligado ou mandado e-mail

Você pode me achar um idiota e perguntar por que não liguei, não escrevi, durante o silêncio dela.

Pelo medo de levar mais um fora, explico.

Prefiro achar que estou levando fora do que ouvir que estou levando fora. O fora falado, cara a cara, traz sequelas pelo resto da vida. E pelo telefone não fica atrás. Por carta, e-mail, mensagem no celular, alivia, passa. Mais ou menos. Ouvir a voz, que você imagina que diga as coisas mais bonitas e sacanas do mundo, explicar que não tem nada a ver é foda. Sem essa de "eu receberia as piores notícias dos seus lindos lábios".

O fora é uma das piores desgraças na vida do apaixonado, assim como a broxada, a traição, a ingratidão e o desprezo.

Portanto, é melhor parar por aqui e acabar com a história que começou no Carnaval de Rio das Flores. Se não tivesse me metido a besta, decidido a escrever o livro, estaria tudo esquecido, adormecido, como ficou durante todo este tempo.

E, se tivesse cobrado ingresso para o esperado encontro, estaria agora devolvendo o dinheiro. De certa maneira, faço isso, jogando a toalha para a decepção de quem torcia por um final feliz. No pão-pão queijo-queijo da vida, por mais que o caso Zezinho-Mônica tenha um quê de fantasia, o buraco é mais embaixo.

Você ainda pode perguntar: "E se ela ainda ligar ou escrever, marcar o jantar e vocês se encontrarem? Ou, então, se aparecer de surpresa como Celine na noite de autógrafos de Jesse em *Antes do pôr do sol* e começar um romance, igualzinho ao filme?".

Não, não há mais tempo para amor entre nós. Os amores não correspondidos provocam boas histórias. E, por isso, são muito comentados. Mas o final é sempre amargo.

Quando me preparava para colocar uma vez por todas o ponto final, recebo e-mail de Ana Luísa, pedindo desculpas pelo sumiço e demonstrando curiosidade quanto ao encontro:

"Minha mãe está se preparando p/ ir aí p/ Sampa. Queria ser uma abelhinha p/ver esse encontro. Diz p/alguém se disfarçar de parede e filmar. Rsrs. Conte comigo p/ o que precisar. Graaande Beijo!"

Não contava com essa. Eu, que já separava fotos amareladas da fazenda da Forquilha para enviar para o Museu Itinerante de Relacionamentos Fracassados, que um casal de croatas doidões inventou na Europa, passei a xeretar o que passava na minha frente, que tivesse a ver com histórias de casais que se reencontram depois de muito tempo.

E me chamou atenção a performance da croata Marina Abramovic, no Museu de Arte Moderna, em Nova York, em 2010, quando ela ficou três meses encarando, em silêncio, durante horas, quem se sentasse à sua frente. Certo dia, postou-se diante dela o alemão Ulay, com quem havia tido prolongado e rumoroso caso de amor. Não se viam havia vinte anos. A cena, sucesso no YouTube, é emocionante. Não se falaram, mas tocaram as mãos enquanto lágrimas escorriam pelo rosto de Marina. Foi o único momento que desabou de emoção durante as setecentos e trinta e oito horas que esteve ali.

Enquanto a moça de Teresópolis não vem, celebro a vida. Faz dois anos que quase fui. Sofri um infarto, coloquei stents em duas artérias e mudei de vida. Marcante foi parar de fumar depois de cinquenta anos, tirei de letra. Achava que seria incapaz. Consegui na boa, sem remédio ou adesivos. Mas que fumar era bom demais, isso era.

E troquei a cerveja pelo vinho, tarefa mais difícil do que parar de fumar, porque era cervejeiro dos bons. Uma vez, conquistei o vice-campeonato numa disputa entre fregueses que entornavam mais chopes no Lamas, servidos pelos melhores garçons da cidade: Rial, Paulinho e

Maia. Só competiram profissionais, como Jaguar e Albino Pinheiro, este um gigante de um metro e noventa, fundador da Banda de Ipanema e vencedor do campeonato, vários chopes à frente.

Faço exercícios, caminho pelo bairro nos fins de semana e alterei meus hábitos à mesa. Feijoadas, rodízios, pastéis, frituras, só uma vez ou outra. Sou quase um homem submarino, de tanto peixe e verdura. Salmão, bacalhau, sardinha, pescada e atum posso chamar de meus queridos, tal a nossa intimidade.

Tenho tempo para aulas particulares de italiano com uma professora que vem em casa. Fiquei meio chato, é verdade, mas em forma. Emagreci oito quilos e — dizem — a cara de bebum de cerveja quase sumiu. As olheiras à Sérgio Cabral pai diminuíram. E o ronco à noite, que acordava até a vizinhança, emudeceu.

Ela dará de cara com um Trajano mais saudável. Na casca, principalmente. O livro, a história e a possibilidade do encontro com Mônica chacoalham a vida, que andava devagar quase parando.

Madame Nahza Farine vive na casa ao lado do meu prédio. É uma velhinha baixa, nariguda, simpática, que mora aparentemente sozinha em sobrado de dois andares vermelho berrante, onde vira e mexe surge uma placa de aluga-se ou vende-se na fachada. Um mistério isso de elas serem colocadas e retiradas em seguida.

Madame chama a atenção de quem passa pela rua todas as vezes que põe o Volks marrom-acinzentado, anos 1980, na apertada garagem na parte da frente da casa. Ela leva um tempão para entrar e sair, seu forte não é dirigir automóveis, manobrar carros. Descobri outro dia que é a cartomante mais afamada do bairro.

Quem me deu a ficha foi Alex, zelador do meu prédio. Foi ele que conseguiu o cartão dela, com foto colorida e telefone. Madame Nahza aparece de chapéu de casamento e colar de pérolas, numa estica de fazer inveja a qualquer velhinha. Empolgado, marquei hora para o dia seguinte.

Ela me recebeu no fim de um corredor lateral a casa. E mandou entrar em uma sala menor, anexa à principal. O cômodo, bagunçado, era mal iluminado e sombrio. Pediu que me sentasse diante dela e logo colocou as cartas na mesa. Atrás dela, larga estante com diversos santos e imagens de vários tamanhos e cores ocupava toda a parede. E dava para ver, pelos cantos, pequenas flores boiando em copos d'água colocados sobre três mesas.

— Você veio conversar ou ler cartas, meu filho?
— Ler cartas, Madame.

Eu estava excitado. Nunca acreditei em leitura de cartas, mas tinha a sensação de que a conversa com Madame seria interessante. Toda cartomante carrega um clima de suspense e mistério. E queria saber o que falaria sobre o encontro com Mônica. Se aconteceria ou não. Madame abriu o baralho, mandou que eu cortasse e notei que eram cartas de tarô e não de baralho comum.

Ela falou das mulheres com quem tive filhos. Me deixou preocupado quando descreveu o estado de saúde de Célia, que disse estar "magrinha e muito doente", o que é verdade. Falou sobre Renée, "muito saudável". O que também é verdade. Perguntada sobre o encontro com Mônica — não abri muito para não dar pistas — disse que ocorreria e que a demora acontecia porque "ela é orgulhosa".

Afirmou que viverei muito, além dos oitenta anos, e que 2014 será o meu ano, com destaque para uma coisa "que só você pode fazer". E que devia tomar cuidado com os invejosos. Não me impressionei. A conversa ficou mais interessante e saborosa depois que ela recolheu o baralho, enquanto eu pagava com cheque os setenta reais da consulta.

— Esse encontro, Madame, é com uma pessoa que não vejo faz quase quarenta anos.

— Isso não é nada, meu filho. Vou contar uma história que acontece comigo agora.

Madame mostrou duas fotos redondas emolduradas na parede, em que ela aparecia adolescente. Era bonitona.

— São de quando fui Miss Araraquara. Sou de Tabatinga, ali perto, mas ganhei o título na cidade vizinha. Ganhava quem vendesse mais rifas. Não havia desfile, muito menos jurados, essas coisas. Mas houve baile comemorativo. E dancei com um rapaz chamado Gerson, que namorei por pouco tempo, mas foi embora logo depois com a família, morar no Paraguai, para onde levou gado comprado na fazenda do meu pai.

Madame revelou que é delegada federal aposentada do Ibama. E que, outro dia, chamada pelo irmão, que trabalha lá, para dar opinião sobre determinada questão, deu de cara com um senhor que achou que conhecia. O irmão apresentou. Nome: Gerson. Pois bem, era o moço por quem se apaixonara havia sessenta e tantos anos. Madame está com oitenta e três.

— E o pior você não sabe, meu filho. Já casei e descasei quatro vezes. Tenho um namorado, que vem me visitar de quinze em quinze dias. E o Gerson tem me procurado, daquele dia em diante, dizendo que quer ter um caso comigo.

Fiz cara de quem acreditou e me despedi com um

beijo no rosto de Madame. E não aceitei o café porque estava com pressa para ver na televisão o jogo do Arsenal, outra paixão futebolística, contra o Fenerbahçe, pela pré--Champions League. Se é verdade, pouco importa. Para quem xeretava casos de pessoas que se reencontram, essa história entra para a lista, com louvor.

A ida à cartomante foi curtição, tiração de onda. Mas me jogou no terreno do esotérico, vizinho à espiritualidade. E alimentou a expectativa de saber até que ponto o daime faz a cabeça da Mônica. E me lembrou de um texto do Xico Sá, mestre na narração de desventuras amorosas: "Quando a tua fêmea, amigo, começa a falar em retorno de Saturno, na simbologia do tarô, no recado do feng shui, te liga, campeão, é pé na bunda à vista".

Para participar de um debate sobre futebol na Bienal do Livro fui ao Rio. Não ia para lá desde a morte da minha mãe, seis meses antes. Fiquei no apartamento da minha irmã, Maria de Fátima, na Tijuca, o que não fazia normalmente, porque sempre me hospedava em um hotel em Ipanema, junto ao mar, que me permitia caminhar pelo calçadão nos fins de tarde. O que é um dos programas mais agradáveis de fazer na cidade. E encontrava, à noite, amigos que moram na Zona Sul.

Decidi fincar os pés por alguns dias nas raízes tijucanas e fazer companhia à minha irmã, que morava com nossa mãe, em frente à praça Afonso Pena, lugar onde passei a adolescência e ao lado da sede social do América, o time do meu coração. E que está abandonada, suja, maltratada e caindo aos pedaços. Dá dó ver o endereço da Campos Sales 118 assim, logo eu que fui criado lá dentro.

A praça, conservada, bonitinha, tem estação do metrô, que varre o ar bucólico de tempos atrás, porque muita gente circula por ali. Mas guarda o jeito provinciano de cidade do interior. Na parte de baixo, a criançada se esbalda com velocípedes, carrinhos elétricos e parque infantil. Na parte de cima, os velhos com seus cuidadores, amparados em bengalas ou em cadeiras de rodas, dividem o espaço com jovens que fazem caminhada ou levam cachorros para passear. Há uma área coberta para os veteranos menos acabados jogarem carteado, dama e dominó. E é ponto de vendedores de água de coco, angu e sopas, estas somente durante a noite e deliciosas, principalmente o caldo verde. Durante a semana, funciona uma feira orgânica, com produtos das serras de Petrópolis, Teresópolis e Friburgo.

Era ali na praça que chorava as pitangas quando voltava de Rio das Flores. Sentava em um dos antigos bancos de cimento e varava madrugadas contando para os amigos as peripécias atrás da Mônica. A turma se divertia e mostrava solidariedade. E foi na Afonso Pena que Erasmo Carlos e Tim Maia, moradores do pedaço, compuseram as primeiras canções e participaram dos Snakes e dos Sputniks, conjuntos tijucanos de rock. A praça foi palco de comícios memoráveis, que vi de pertinho, como os de Carlos Lacerda (queridinho das viúvas udenistas, maioria no bairro), do grande reacionário Amaral Neto e de Alziro Zarur, da Legião da Boa Vontade, candidato a governador, que acabou caindo fora em cima da eleição.

Agora, estou em outra. E, pela manhã, enquanto caminhava, dando voltas com andar apressado, na pista marcada no chão da pracinha, viajava no tempo. E me lembrava do menino que chegou aos sete anos vindo do Catumbi, virou casaca de Fluminense para América e pegava o bonde na esquina da Mariz com a Barros para ir ao Colégio São Bento na praça Mauá e com a Haddock Lobo para assistir a filmes na Saens Peña, a Cinelândia da Zona Norte, onde havia mais de uma dúzia de cinemas. E que ia a pé para o Maracanã em apenas cinco minutos.

Podia ter subido a serra para Teresópolis, a duas horas de ônibus dali, para encontrá-la. Mas achei melhor não interferir no que combinamos. Após quase quarenta anos, é melhor não mexer muito na panela, com o perigo de desandar a maionese. Foi o que fiz. Troquei a ida para Teresópolis por uma viagem de quarenta e cinco minutos em trem da Central, ramal Japeri, até Edson Passos, Baixada Fluminense, onde acompanhei América x Cabofriense, no estádio Giulite Coutinho, partida fundamental para o time voltar à serie A do Carioca. Valeu a pena, o América goleou por um a zero e manteve chances de subir para a divisão principal. E os torcedores fizeram festa para mim, dizendo que sou pé-quente e que devia voltar a morar no Rio e ser presidente do clube. No estádio americano, sou nome da sala de imprensa.

A ilusão de voltar à elite carioca durou pouco. O América perdeu em seguida do Bonsucesso e não subiu. Time de merda. Merda é pouco.

Quem torce pelo América é maluco, sem dúvida. A última vez que venceu um campeonato carioca foi em 1960 e, antes disso, em 1935, vejam só! Como pode um cara, como eu e tanta gente, como o Felipinho Cereal, torcer desesperadamente por um time que só perde? A paixão americana é sem limites e completamente doentia.

Acredito que a tragédia americana só terá fim quando ninguém mais falar que o América é "meu segundo time" e que o clube "tem o hino mais bonito". Preferia torcer para o mais execrado esquadrão e dono do hino mais brega e horroroso da cidade, mas que ganhasse jogos, me desse alegrias. Como pega mal virar casaca depois de velho, serei América até morrer, como diz a letra do hino de Lamartine Babo.

Na volta para São Paulo, decidido, cheio de gás, coloquei o Madureira em campo, escrevi e telefonei para Mônica para perguntar: "E aí, vem ou não vem?".

Mandei um e-mail e telefonei. Atende quem? Ana Luísa, para variar. Mais uma vez simpática e atenciosa, disse que a mãe estava no Rio, mas voltaria no dia seguinte. E que ela iria para São Paulo, sim, porque ouvira conversa recente dela combinando detalhes com o irmão.

> Olá, Mônica! Mando a parte final do livro. Ou quase final, porque falta o encontro. Continuo esperando você por aqui. Ou será que mudou de ideia e não virá mais? Mande notícias. Tem editora querendo editar o livro. Quem diria, essa paixão ficará famosa depois de tantos anos. Mas falta o final. Ou o encontro, se é que haverá. Se não houver, a gente inventa. Bjs, Trajano.

Nove horas da manhã do dia seguinte, Mônica responde:

> Gostei das notícias e não mudei de ideia, mas o tempo está voando... Estou me programando para a semana que vem, segunda ou terça. Até sexta te aviso. Vou ler a parte final. Bjks, Mônica.

Estava sábado no bar Sabiá, quartel-general na Vila Madalena, quando pelas dez da noite tocou o telefone. Era ela. Eu me esforcei para entender a conversa. Consegui mais ou menos. O alvoroço era grande. Ela disse que chegaria terça-feira e ligaria antes. Na conversa, não ficou claro onde seria o encontro. Ela passou a impressão de que queria que eu fosse a Santana de Parnaíba, onde mora o irmão, distante quarenta quilômetros de São Paulo. O que seria uma roubada e derrubaria o meu plano. Desejava levá-la para jantar em lugar escolhido a dedo, onde me sentiria mais à vontade.

Antes de me despedir, perguntei se lera o final do livro. Pela primeira vez demonstrou irritação.

— Tem uma coisa que não gostei. Não dei todos esses foras em você. Não foi assim!

Tentei argumentar, mas encerrou a conversa dizendo que, em São Paulo, a gente conversaria sobre os foras. Gostei dela não ter gostado. Se um de meus objetivos era provocá-la, consegui. Queria mexer com seus brios, desmontá-la. Estava chegando lá.

Cinco e meia da manhã da terça eu já estava no setor de desembarque da Rodoviária do Tietê à espera do ônibus que a trazia de Teresópolis. A manhã ainda escura tinha mais cara de noite do que de dia. Fazia um calor abafado e seco. A ansiedade diminuíra com a longa conversa, na véspera, por telefone, quando falamos de expectativas, filhos, netos e do momento vivido por cada um. E do livro. Ela insistiu que não dera os foras em mim. Disse que não sabia qual era a minha: amor ou amizade.

Aluguei um carro com motorista para levá-la à Santana de Parnaíba. Avisei que o motorista estaria com uma placa com o nome dela e que eu ligaria ao meio-dia, depois do meu programa matinal na ESPN, para marcar alguma coisa.

Mas não resisti e fui ao seu encontro. Quando desceu do ônibus e me viu, abriu o sorriso e me enlaçou com um abraço discreto.

— Você, hein! Que bom te ver. Que boa surpresa.

É claro que não esperava que ela chegasse na rodoviária em São Paulo montada no cavalo alazão de São Policarpo, com aquele jeitão metido e provocante de Maurren O'Hara de dezenas de anos atrás. Mas a esperava mais jovem, apesar de tê-la visto em fotos na internet.

Dei boas-vindas, não demonstrei espanto e justifiquei que estava ali porque não perderia de jeito nenhum o momento da chegada. E avisei que ia sequestrá-la por algumas horas. Então, levei Mônica para tomar café numa padaria que funciona 24 horas perto de casa. E disse que não iria trabalhar e que, assim, teríamos tempo de sobra para conversar.

Ficamos nos estudando. Parecia luta de judô, daquelas que ninguém agride, só puxa o adversário para um lado e para o outro. E o árbitro chama a atenção dos lutadores por falta de combatividade. Aos poucos, nossos olhares se cruzaram, a timidez perdeu terreno e a conversa fluiu. Se desse uma nota, de zero a dez, para a performance de cada um, daria seis e meio para ambos. Fomos discretos e havia um pouco de vergonha no ar. Se fosse no futebol diria que jogamos recuados, quase sem entrar na área e com raros chutes a gol. O primeiro encontro não foi uma pelada, mas ficou distante de um clássico.

Também às seis e meia da manhã, depois da noite maldormida, ela no ônibus e eu na cama de casa, me revirando de um lado para outro, querer o quê, depois de todo esse tempão? Notei que ficou feliz ao me encontrar. E fiquei aliviado. Talvez não tenha percebido que eu estava tenso e meio ressabiado por achá-la mais magra do que imaginava. E com pouco brilho no olhar. Mas quebramos o gelo. Haveria mais coisa pela frente.

O motorista levou-a para Santana de Parnaíba. Naquela mesma noite, nos encontramos em uma cervejaria, no Itaim Bibi, por sugestão de uma amiga, Aninha, que vive em São Paulo, do tempo de Rio das Flores. Não se viam havia mais de vinte anos. Mônica levou o irmão Guilherme, meu contemporâneo no Colégio São Bento. Lembramos de São Policarpo, da Forquilha, dos bailes no 17 de Março, de figuras folclóricas da cidade, tiramos fotos. Mônica, atenciosa, simpática, estava à vontade. Eu, menos. A noite foi divertida, apesar de não ter sido como eu gostaria, que era estar a sós com ela.

Mandei fotos desse encontro para alguns amigos. Um deles, Marcelo Gomes, se emocionou.

"Cara, quando abri a foto fiquei com o corpo inteiro arrepiado. Que venha o melhor pra você, amigo querido. Estaremos todos aqui de casa torcendo por sua felicidade."

Dani, afilhada de casamento, escreveu derretida:

"Investe vai!!! Deixe o amor entrar."

Juca Kfouri também se manifestou:

"Uma graça! Viva!"

Pedro, o filho caçula, sempre crítico e rigoroso, lascou:

"Acabei de ver a foto. Gosto é gosto, mas ela não passa nem na Unip na minha avaliação! Bjs."

O encontro desejado, esperado pela multidão de amigos e, principalmente por nós dois, aconteceu na noite de quinta-feira, horas antes de ela voltar para Teresópolis. Até então ficara em Santana de Parnaíba, fazendo companhia à mulher do irmão, adoentada.

Mônica foi ao meu apartamento e largou uma pequena mala no canto da sala. Elogiou a decoração, curtiu a vista da varanda, as plantas, e disse que tinha cara de casa de libriano (sou de 21 de outubro, mesmo dia do irmão dela). Brinquei:

— Vamos passar primeiro em São Policarpo, depois vamos até a Forquilha, combinado?

— O.k., vamos. Mas como assim?

Expliquei que o nome do restaurante era Forquilha, recém-inaugurado e que ficava pertinho. E que por isso o escolhera. Mônica adorou a coincidência com o nome da fazenda. E lá, numa mesa no canto mais escuro e reservado do lugar, olho no olho, mãos entrelaçadas, percorremos rapidamente pontos obscuros das décadas passadas.

Mônica falou da sua intensa relação com o daime, o que me deixou com a pulga atrás da orelha, porque não achava que fosse tão forte. Contou que voltara recentemente do Céu do Mapiá, lugar sagrado dos daimistas, no Acre. Mostrou no tablet fotos da viagem que fez com Layla, a filha mais nova.

— O daime é luz. O daime mostra o caminho da verdade, Zezinho.

Eu, que fujo dessas coisas feito o diabo da cruz, mostrei interesse até onde deu. Acho que ela não percebeu. Mônica contou detalhes da vida de Mestre Irineu, fundador da doutrina, e revelou que andava meio afastada, mas estava voltando com tudo.

Esmiuçou algumas sequelas do casamento com o pai de seus três filhos; explicou como decidiu morar em Teresópolis num lugar que trata como mini São Policarpo. E revelou como me via na época das férias e Carnavais em Rio das Flores.

— Você tinha má fama. Por ser mais velho, jornalista e gostar de encher a cara. Nossas mães falavam mal de você.

E segredou que, quando me declarei a ela no *Giulio Cesare*, ficou assustada. Queria viajar para se esbaldar, se divertir, nenhum compromisso sério. O que é uma meia-verdade, porque ficou seis anos com o tal Cadu, que conheceu a bordo.

— Eu só tinha dezesseis anos. E você chegou pesado.

A conversa era mais solta, diferente do café da manhã. Mas à medida que ouvia as histórias e olhava para nós dois, grisalhos, mãos enrugadas, olhos cansados, percebi com incrível nitidez por que a garçonete, o zelador, o motorista de táxi, o vizinho, a caixa do supermercado, todos eles e mais não sei quantos me chamam de senhor.

Envelheci.

E por mais que faça tempo que sinto na carne a transformação, foi no Forquilha que baixou o santo da consciência de ser um velho. Envelheci, torcida brasileira. E ela veio junto. Zezinho e Mônica estão a léguas de distância dos tempos da Forquilha da juventude. E isso não tem volta.

Enquanto Mônica traçava apetitosa lasanha à bolonhesa, eu, um filé grelhado com legumes, e tomávamos uma garrafa de Malbec, senti que se abria um abismo entre nós. Parecíamos estranhos. Um não tinha nada a ver com o outro. Talvez estivesse mais à vontade com a moça que bebia vinho com o namorado na mesa ao lado. Pelo jeito, pela maneira de se vestir, pelos gestos no ar, pelas risadas gostosas. Como diz o samba "Notícia de Jornal" de Haroldo Barbosa e Luiz Reis, "ninguém volta ao que acabou". Resolvi não forçar a barra. Nem desviei a conversa para a política, por mais que tivesse vontade, depois de ler alguns textos raivosos escritos por ela no Facebook. O pau ia quebrar, sem dúvida. Mas não era lugar nem hora para discutir.

Mesmo assim, pode-se dizer que demos uma namoradinha, com abraços e beijinhos no rosto, cena típica de romance entre um senhor e uma senhora.

Perguntei como ela escreveria o final do livro.

— Deixaria uma dúvida. Alguma coisa no ar.

Voltamos para minha casa, pegamos a mala e um táxi nos levou para a rodoviária, onde chegamos em cima da hora. Quase ela perde o ônibus. No trajeto, gostei quando pôs a mão no meu ombro. Foi uma sensação gostosa, uma energia positiva. Na rodoviária, mal houve tempo para a despedida. Apenas para um rápido abraço apertado.

— Liga, dá notícias. Vamos nos ver.

— Claro, claro, vamos nos ver.

Voltei para casa. Não conseguia pegar no sono. Abri um vinho para tomar uma taça e relaxar. Enquanto fazia um balanço do encontro e pensava se tudo aquilo valera a pena, vejo a luzinha vermelha piscando no BlackBerry. Mensagem.

"Estou amando tudo isso. Bjo. Banoite, Mônica."

E agora?

Epílogo

Fernando é o Calazans, que virou jornalista levado por mim e hoje é colunista de esportes do *Globo* e comentarista da ESPN Brasil. Apesar da "pequena traição" na festa de despedida em Ipanema há mais de quarenta anos, é e sempre foi meu melhor amigo.

Hélio Palavrão morreu em 2005, de câncer no fígado. Suas cinzas foram jogadas ao mar, em Búzios, ao som do sax de Paulo Moura, grande amigo dele. Da turma da excursão, encontrei algumas vezes com Mário César, mas isso faz tempo.

Do pessoal com quem passava férias, Zé Carlos virou Zé Pité, pianista requisitado na noite carioca; Hélcio, economista e professor universitário aposentado; Chico Carlos, funcionário público e corretor de imóveis; Julinho Graça Mello casou com a professora Sheila e não tirou os pés de Rio das Flores, onde, aposentado do Banco do Brasil, cultiva uma horta orgânica ao lado dos netos; Flavinho morreu assassinado. Lula, doente, aprontou bastante e foi casado com uma mulata do Sargentelli que dava dois dele; Patinho, que anos mais tarde deu umas saídas com Mônica, é engenheiro químico aposentado.

Os antigos habitantes de Rio das Flores têm saudades do 17 de Março, como d. Cidinha, viúva do escrivão Arides, o casal da televisão do papel celofane transparente de três cores. O estádio municipal de futebol foi remodelado, as ruas do centro receberam melhor pavimentação e iluminação, surgiram novos bairros e pequenos prédios, o Carnaval de rua, o Carnaflores, ganhou destaque com desfile de blocos, existe uma camerata de violões no Centro Cultural, a Folia de Reis tem até associação, a população chegou a oito mil habitantes, mas, para quem é de fora, a cidade mudou pouco. A cadeia recebeu boa mão de tinta na fachada, mas continua praticamente sem uso. O crack, ainda bem, não chegou com força. E Cocola não deixou herdeiros valentões. Os avós Zé Reis e Jandira, estão enterrados no cemitério da cidade, atrás da Igreja da Matriz de Santa Teresa d'Ávila, pertinho de onde mora até hoje Ana, a telefonista do PS1. E local de batismo de Santos-Dumont, um dos maiores orgulhos do lugar.

Estive em Rio das Flores. Não tive coragem de ver o que sobrou da Forquilha. Certa noite, ao voltar para a pousada onde me hospedava, junto à praça principal, tive a impressão de cruzar com Zezinho praguejando atrás da Mônica no caminho para o Carnaval do 17 de Março. Não parecia triste, não. Guardava até sorriso maroto no canto da boca.

E em frente ao bar do Tatá Macedo, o velho sábio Don Rosé Cavaca, que a tudo acompanhava, dizia em alto e bom som para que todos ouvissem:

— Gente boa, menino Zezinho da Forquilha! Linda de morrer, menina Mônica da Policarpo!

Mas, se continuar assim, ela ainda mata ele de amor!

TIPOLOGIA Adriane por Marconi Lima
DIAGRAMAÇÃO Verba Editorial
PAPEL Pólen Bold
IMPRESSÃO RR Donnelley, maio de 2014

A marca FSC® é a garantia de que a madeira utilizada na fabricação do papel deste livro provém de florestas que foram gerenciadas de maneira ambientalmente correta, socialmente justa e economicamente viável, além de outras fontes de origem controlada.